EN BUSCA
DEL
AMOR
IDEAL

ELIZABETH CLARE PROPHET

EN BUSCA DEL AMOR IDEAL

Una guía espiritual del
AMOR, LA SEXUALIDAD
Y LAS RELACIONES

SUMMIT UNIVERSITY PRESS ESPAÑOL®
Gardiner, Montana (EE.UU.)

EN BUSCA DEL AMOR IDEAL
Una guía espiritual del amor, la sexualidad y las relaciones
de Elizabeth Clare Prophet

Título original: FINDING A HIGHER LOVE
A Spiritual Guide to Love, Sex and Relationships
Copyright © 2015 Summit Publications, Inc.
Todos los derechos reservados.

Copyright de la traducción © 2015 Summit Publications, Inc.
Todos los derechos reservados.

Ninguna parte de este libro puede reproducirse, traducirse, almacenarse, exponerse o transmitirse electrónicamente ni utilizarse en ningún formato sin autorización escrita, excepto por críticos en breves reseñas.

Para más información, contacte con Summit University Press Español
63 Summit Way, Gardiner, MT 59030-9314 USA
Tel: 1-800-245-5445 o +1 406-848-9500
www.SummitUniversityPress.com

Nº de tarjeta en el catálogo de la Biblioteca del Congreso
de los EE.UU.: 2015953428
ISBN: 978-1-60988-264-8 (rústica)
ISBN: 978-1-60988-265-5 (eBook)

SUMMIT UNIVERSITY PRESS ESPAÑOL®

Summit University Press y son marcas inscritas en el Registro de Marcas de los EE.UU. y de otros países. Todos los derechos reservados.

Fotografía de cubierta: © Sardorrr | Dreamstime.com – «Two Hands Reaching For Each Other Photo»

1ª edición: noviembre 2015
Impreso en los Estados Unidos de América.
19 18 17 16 15 1 2 3 4 5

Limitación de responsabilidad: Summit University Press Español no garantiza que las prácticas espirituales descritas en este libro ofrezcan a cualquier persona y en cualquier momento resultados exitosos. La práctica y la demostración de la ciencia del ser dependen de cada persona.

ÍNDICE

LISTA DE ILUSTRACIONES

Ilustraciones a color: *página opuesta* 174

NOTA AL LECTOR

Elizabeth Clare Prophet dirigió durante muchos años seminarios en todo el mundo sobre el tema de las llamas gemelas, las almas compañeras y las relaciones kármicas. Hay quienes la consideran como la principal experta en este campo. *En busca del amor ideal: una guía espiritual del amor, la sexualidad y las relaciones* es una compilación de sus enseñanzas prácticas y edificantes, e incluye preguntas y respuestas de sus muchos seminarios públicos.

Expresamos nuestra gratitud hacia todos quienes contribuyeron a este trabajo de amor.

SUMMIT UNIVERSITY PRESS ESPAÑOL

PRÓLOGO

Shakespeare escribió que el mundo entero es un escenario en el que la gente hace sus entradas y salidas, y donde cada persona, en su momento, representa muchos personajes. Imagínese el mundo de Shakespeare como una escuela para nuestra alma. En sus obras y en la vida real, las relaciones —tanto con nosotros mismos como con los demás— son las que nos proporcionan muchas de las lecciones que necesitamos aprender para poder alcanzar el amor ideal.

En nuestra estancia en la Tierra, una y otra vez hemos entrado a la escena de la vida y salido de ella, y hemos representado muchos personajes. Hemos viajado por las épocas, encontrándonos con otras almas y formando relaciones, buscando amor. A veces permanecemos unidos toda la vida; otras, compartimos breves intercambios. Nos quedamos solteros, nos casamos, tenemos hijos, algunas veces nos separamos o nos divorciamos. Perdemos el amor y hallamos el amor de formas inesperadas. Al ofrecer amor y perdón profundamente, algunos de nuestros mayores desafíos se transforman y, entonces, nuestra alma se siente libre. A lo largo de este viaje, continuamos nuestra búsqueda.

Según vamos navegando por las relaciones, nos esforzamos por comprender, pero con frecuencia el significado más profundo de nuestros encuentros se nos escapa. Sin embargo, mirando desde una perspectiva distinta, podemos empezar a desvelar los misterios interiores del amor, el sexo y las relaciones. A diferencia de otros libros, este trata estos temas desde la perspectiva del alma y presenta la idea de que, independientemente de nuestro pasado, podemos cambiar para siempre la forma en que vemos nuestra vida y nuestras relaciones. Y el eslabón perdido es el alma.

Nuestras relaciones, desde la más gozosa hasta la más dolorosa, son una parte integral del sendero de nuestra alma hacia la plenitud. Nuestro anhelo hacia esa plenitud surge de un recóndito recuerdo de la unión que tuvimos con esa alma que fue creada junto con nosotros en el principio: nuestra llama gemela. Habiéndonos separado, ahora nos encontramos en un sendero hacia la reunión con ese ser amado. Y la clave para unirnos a nuestra llama gemela consiste en unirnos primero a la parte más real de nosotros mismos, nuestro Yo Superior.

En *En busca del amor ideal: una guía espiritual del amor, la sexualidad y las relaciones*, Elizabeth Clare Prophet ofrece un conocimiento lleno de compasión que puede guiarle en el sendero hacia el origen y acelerar sus pasos hacia el corazón de su verdadero amor.

PRIMERA PARTE

LLAMAS GEMELAS
y
ALMAS COMPAÑERAS

El reconocimiento interior del alma
de que es la mitad de un todo
la incita a dirigirse hacia la plenitud,
hacia el hallazgo de su otra mitad.

CAPÍTULO 1

EL ALMA *en* BUSCA *del* AMOR DIVINO

*E*n lo más profundo de nuestra alma existe un anhelo hacia nuestro complemento divino. Porque nos queda un antiguo recuerdo de la unión con esa alma, que es nuestra otra mitad, nuestra llama gemela. Hubo un tiempo en que estuvimos unidos a esa alma, en el principio, cuando fuimos creados, pero nos separamos. Y entonces comenzó nuestra búsqueda.

Para mí ese anhelo supuso la búsqueda de mi instructor, y en él hallé a mi llama gemela. Esto fue para mí una gran experiencia muy profunda: conocer a mi llama gemela como mi instructor y reconocer en sus ojos aquello que llevaba buscando toda mi vida. Desde mi infancia había buscado esos ojos y había mirado miles de rostros, mil, diez mil veces.

Muchos de nosotros buscamos amor, un amor permanente y duradero. Podemos pasar de una relación a otra, buscando esos ojos en medio de un mar de gente. Anhelamos que nos conozcan por nuestra alma, tal como es nuestra verdadera esencia.

Una de las experiencias más tiernas y conmovedoras que he tenido en mi vida tuvo lugar muchos años después de haber conocido a mi llama gemela. Un día iba caminando por la calle con él, y me dijo: «Elizabeth, te amo. Amo tu alma». La expresión de su rostro —su amor, su presencia— mostraba un genuino interés y fidelidad hacia mi alma. Era la ternura de Dios que sentí a través de su corazón.

Recuerdo que lloré porque, por primera vez en mi vida, me daba cuenta de que alguien con la capacidad de conocer mi alma realmente la amaba, tal y como era. Tras oír sus palabras, me tomó un día recobrar la compostura; estaba profundamente emocionada de que alguien amara intensamente mi ser interior.

Si uno es amado de verdad tal como es, sabe que superará las dificultades. Sabe que puede seguir adelante. Sabe que puede llegar a ser la plenitud de su verdadero yo. Y esa es la naturaleza de la amistad con Dios y de las relaciones íntimas entre almas que se esfuerzan por avanzar.

LA HISTORIA *de* SU ALMA

Ustedes y su llama gemela comparten el mismo arquetipo de identidad, como el diseño de un copo de nieve, único en todo el cosmos. El reconocimiento interior del alma de que es la mitad de un todo, la incita a dirigirse hacia la plenitud, hacia el hallazgo de su otra mitad. Esta incitación se convierte en un enorme anhelo hacia el amado o la amada, su llama gemela. Así de grande es el anhelo hacia la dicha de la reunión, una dicha más allá de cualquier experiencia terrenal. Es una profunda unión en la dimensión divina. Y su alma recuerda.

Desde el principio, su alma ha sido un continuo en Dios. Dentro de ella reside una enorme cantidad de conocimiento y una percepción tan vasta, que va más allá de cualquier descripción. Como puras almas suspendidas en el Espíritu, ustedes y su llama gemela comparten esa percepción y ese recuerdo únicos. Vida tras vida, su alma crece y desarrolla una identidad anímica definida. Puede desarrollar un talento en el arte, la música u otros dones específicos. Cada alma es algo supremamente individual. Antes de entrar a una nueva vida, su alma tiene una plena percepción consciente de quién es y qué ha logrado en vidas anteriores. Aún más importante, sabe lo que tiene que lograr en su próxima vida para realizar el mayor progreso espiritual posible. Porque antes de que nazca su alma, a esta le enseñan su misión en esa vida. Ello puede significar que tenga que corregir las injusticias que haya cometido hacia los demás, sirviéndoles con amor y perdonándolos. Puede significar el ejercicio de una profesión en particular o que tenga que dar compasión al mundo. Sea lo que sea, esa misión es algo específico para cada alma y cada alma puede elegir si quiere realizarla o no.

En su esfuerzo por realizar su misión, el alma también tiene una percepción de su llama gemela y de otras almas, particularmente aquellas con las que ha de encontrarse para poder resolver el pasado. Porque el alma está en contacto con todo lo que tiene vida. Ella siente la alegría de la unidad de la vida y el dolor de la separación. Por tanto, es sabia, pero también frágil. Esta fragilidad existe, en parte, debido a que el alma aún no es permanente. Es el potencial no permanente del ser que llegará a ser permanente cuando se funda con su Yo Real, su Yo Superior. Este Yo Superior es el instructor interior que todos tienen y la voz de la conciencia. Es nuestro guardián, nuestro amigo más querido y nuestro defensor ante Dios.

El alma, que desea unirse a su Yo Superior, es sensible e intuitiva. Es vulnerable, influenciable e inocente. El alma refleja cualquier cosa en la que ponga su atención. Con frecuencia asume las coloraciones de su entorno y puede ser desviada con facilidad. Las toxinas mentales y emocionales, así como el abuso físico o verbal, la hieren. Estas experiencias, muchas de las cuales ocurren en las relaciones, crean parte de su karma y su perfil psicológico.

Por tanto, en el viaje de regreso a su hogar espiritual, nuestra alma necesita que le demos alivio y consuelo, que le demos palabras tranquilizadoras. Necesita saber que la protegeremos para que no le hagan daño. Podemos cuidar de nuestra alma con amor como lo haríamos con nuestros hijos; o podemos descuidarla. Parte del cuidado hacia nuestra alma consiste en sumergirla en belleza y en la luz de Dios.

EL SENDERO ESPIRITUAL *del* ALMA

Gracias al profundo conocimiento que tiene nuestra alma, recordamos nuestro comienzo. Recordamos que, en un principio, junto con nuestra llama gemela, éramos todo luz y habitábamos en los planos del Espíritu. Pero descendimos al universo material y nos separamos el uno del otro, y viajamos lejos de nuestro hogar espiritual.

¿Qué significa estar en un sendero de regreso a nuestro hogar supremo, un sendero espiritual? La palabra *espíritu* viene del latín *spiritus*, que significa 'aliento', 'aliento de un dios' o 'inspiración'. La espiritualidad es para el alma lo que el aliento de la vida es para un recién nacido. Infunde en nosotros nueva vida y vigor. Nos faculta para amar y dar sustento tanto a los demás como a nosotros mismos.

Espiritualidad significa ser capaz de mantener una relación de trabajo con Dios, con la Presencia de Dios en nosotros, la Presencia Divina o Presencia YO SOY. Es el ser de amor total, algunas veces denominado Dios Padre-Madre.

Pero no tiene importancia cómo llamemos a ese Dios: el Yo Divino, la Luz Interior, el Dharmakaya, Brahmán, Adonai. Cada uno de nosotros tiene la posibilidad de conectarse, y mantenerse conectado, con el poder universal de Dios a través de su corazón. Porque Dios ha puesto en nuestro corazón una chispa de amor divino. Es la morada del amor de Dios por nuestra alma y del amor de nuestra alma por Dios.

Nuestra capacidad de realizar esa conexión depende en parte de nuestra capacidad de poner en funcionamiento nuestra voluntad en un esfuerzo por nuestro Dios. Vinimos con esta voluntad, llamada libre albedrío, que es un don de Dios a través del cual podemos elegir recorrer un sendero espiritual y también cumplir nuestro propósito en la vida. Así, aunque cada uno de nosotros tiene un plan divino único, este no está garantizado. Antes, necesitamos ejercer nuestro libre albedrío para poder realizar nuestro plan divino individual, y lo debemos hacer incluso estando rodeados de distracciones, impedimentos y toda clase de influencias negativas.

A veces la gente piensa en la predestinación y el destino. Pero en realidad, nosotros determinamos el resultado de nuestro destino todos los días mediante las elecciones que hacemos con nuestro libre albedrío sobre qué hacer con nuestras circunstancias. Y *circunstancias* es otra forma de decir karma.

KARMA

El karma es una manifestación del amor incondicional de Dios, pues precisamente porque Dios nos ama es que permite que nuestro karma nos regrese. Ello nos empuja a hacer a los demás aquello que quisiéramos que los demás nos hicieran a nosotros, y eso ayuda al desarrollo de nuestra alma. Por tanto, la ley del karma es la ley del amor. Nos enseña compasión así como humildad, empatía, misericordia y sensibilidad hacia la vida. Produce remordimiento y reconciliación. Nos enseña a amar como ningún otro proceso podría hacerlo.

Karma es una palabra sánscrita que significa 'acto', 'acción' o 'trabajo'. Se enseña en el hinduismo y el budismo que la ley del karma es la ley universal de causa y efecto, y que afecta a todo el mundo. Es decir, todo lo que hayamos hecho regresará a nosotros, tanto si es algo positivo como si es algo negativo. Esto se refleja en el dicho: «Lo que se siembra, se cosecha».

Por tanto, los encuentros diarios del hombre y la mujer en las calles de la vida son, en realidad, el despliegue de los ciclos del karma, de fuerzas positivas y negativas cuyo momento para ser resueltas ha llegado. A lo largo del camino que hemos recorrido durante decenas de miles de años, encontramos esparcido todo lo que hemos sembrado, todas las semillas que hemos dejado caer descuidadamente, que no han fructificado o que han dado mal fruto, así como todo lo que hemos plantado meticulosamente, que ha crecido y florecido como recompensa por el esfuerzo de nuestra alma.

El karma positivo se puede manifestar de muchas formas, desde un círculo familiar y de amigos que nos apoya hasta el ingenio, las aptitudes y los talentos. Nuestro karma positivo y los impulsos acumulados positivos que tenemos incluso nos pueden lanzar, como un cohete, hacia la senda de la misión que nuestra alma ha de realizar junto con nuestra llama gemela. El karma negativo se puede manifestar de muchas formas, desde pequeñas inconveniencias hasta algún evento importante en nuestra vida. Puede aparecer como enfermedades, accidentes o relaciones difíciles.

El karma es una carga de sustancia como una nube. Un día las nubes cubren el sol y al día siguiente, el cielo está despejado por completo. Un día podemos tener el convencimiento de que una relación funciona bien y al día siguiente, la relación resulta ser problemática, como si toda la atmósfera estuviera llena de oscuridad y no pudiéramos ver ni siquiera que el sol está en el cielo. Eso sucede porque se trata de un día en el que tenemos que saldar karma.

Cuando este karma desciende, tenemos que elegir. Podemos seguir la tendencia de nuestro karma y nuestro pasado o podemos cambiarla. Algunas veces es doloroso experimentar el regreso del karma negativo, pero el dolor puede ser un instructor y un agente purificador.

Saldar el karma implica un sendero de alegría, porque podemos pagar nuestras deudas kármicas paso a paso y, después, ser absueltos de nuestro karma total y finalmente. Cuando estemos del lado bueno de nuestro karma, este será para nosotros un beneficio. Abrirá las puertas hacia el amor ideal y bendiciones que multiplicar y aumentar continuamente.

VIDAS ENTERAS *de* AMOR

Durante el viaje de nuestra alma, el sendero para saldar nuestro karma implica la reencarnación. El karma necesita del renacimiento porque no somos capaces de recoger los efectos de nuestro karma ni aprender las lecciones que nos corresponden en una sola vida. En cambio, regresamos en múltiples ocasiones para experimentar el retorno de, o la compensación por, todo lo que hemos hecho. Estas vidas se extienden a lo largo de los tiempos porque necesitamos reencarnar al mismo tiempo que aquellos con quienes tenemos karma, tanto positivo como negativo.

Nuestra alma regresará vida tras vida, poniéndose vestiduras de carne, como un abrigo que se ha puesto antes muchas veces. Y algún día el alma se quitará esa vestidura por última vez, porque ya no tendrá que encarnar más.

En cada vida encontraremos muchas relaciones basadas en karma, tanto positivo como negativo, y en situaciones kármicas que necesitan ser saldadas. Aunque este saldar el karma de las relaciones es distinto para cada persona, nuestra alma se vuelve más plena con ese proceso. Así es que a través de esas relaciones, continuamos nuestra escalada y nuestra búsqueda del amor ideal. La búsqueda vuelve a empezar en cada vida, cuando las almas llegan «arrastrando nubes de gloria», como escribió Wordsworth en «Ode: *Intimations of Inmortality*» (Oda: indicios de inmortalidad).

Nacemos para dormir y olvidar;
el Alma que se eleva con nosotros,
la Estrella de nuestra vida,
tuvo su ocaso en otra parte

y viene de lejos:
sin olvidar del todo
y sin estar del todo desnudos,
sino arrastrando nubes de gloria,
venimos de Dios, que es nuestro hogar.

—WILLIAM WORDSWORTH

CAPÍTULO 2

LLAMAS GEMELAS

El alma puede reconocer a su llama gemela de forma gradual, como la luz de la mañana, que aparece suavemente. O puede ser como un golpe de relámpago, que con un rápido destello ilumina nuestra vida y la cambia para siempre. A veces una persona lo sabe, mientras que la otra no, y se lo tienen que recordar amablemente, como en la siguiente historia verídica, que refleja el reconocimiento interior que las llamas gemelas pueden llegar a experimentar.

La época es el siglo XVIII y el lugar es Alemania. Esta es la historia del abuelo de Félix Mendelssohn, el prolífico compositor alemán. El abuelo de Félix se llamaba Moisés Mendelssohn. Moisés era un conocido filósofo judío. Él creía firmemente y defendía la existencia de Dios y la inmortalidad del alma. Uno de sus admiradores lo describió como «un hombre de gran perspicacia... franco y de corazón abierto». Moisés Mendelssohn no era precisamente bien parecido. Además de ser más bien bajito, tenía una grotesca joroba.

*Un día visitó a un mercader de Hamburgo, que tenía
una hermosa hija llamada Frumtje. Moisés se enamoró
perdidamente de la joven. Pero, ¡ay!, Frumtje sentía repul-
sión por su apariencia deforme. Al fin llegó el momento
de la despedida, en la casa del mercader. Moisés se despi-
dió de este y después, al acercarse a la puerta, se detuvo.
Se llenó de valor y comenzó a subir las escaleras hacia la
habitación de Frumtje, para despedirse de ella. Llamó suavemente a la puerta de madera y, tras unos momentos, esta
se abrió. Frumtje ofrecía una visión de belleza celestial,
pero su hermosura causó en él una enorme tristeza, ya que
ella se había negado hasta a mirarlo. Miraba fijamente al
suelo. Se sentaron en dos sillas, no muy distantes.*

*Tras varios intentos fallidos de entablar conversación,
Moisés preguntó tímidamente: «¿Tú crees que los matrimonios se hacen en el cielo?». Hubo una larga pausa. «Sí»,
contestó ella, con la mirada aún apartada de Moisés y
mirando fijamente al suelo. Después de otra larga pausa,
Frumtje preguntó con voz suave: «¿Y tú?». Moisés respondió: «Sí, lo creo».*

*Entonces Moisés dijo: «En el cielo, cuando nace un
niño, el Señor anuncia: "Este niño se casará con esa niña
en particular". Y cuando yo nací, me indicaron quién sería
mi futura novia, y entonces el Señor dijo: "Pero tu esposa
será jorobada". En ese momento exclamé: "Oh Señor, una
mujer jorobada sería una tragedia. Por favor, Señor, dame
a mí la joroba y que ella sea hermosa".*

*La habitación se llenó de silencio. Frumtje levantó
despacio la cabeza y le miró a los ojos. Un antiguo recuerdo la agitó. Extendió la mano y se la dio a Moisés, y no
mucho después, Frumtje se convirtió en la devota esposa
de Moisés Mendelssohn.*[1]

Al nivel de nuestra alma, nosotros recordamos a nuestra llama gemela, nuestro origen y nuestra naturaleza divina. Recordamos que en un tiempo éramos luz total en un cosmos del Espíritu y que, en verdad, somos mucho más de lo que experimentamos en nuestro estado actual. Si imaginamos la magnífica energía espiritual de Dios, la podemos ver como la mayor concentración de energía de nuestro cosmos, un núcleo de fuego blanco brillante con miles, decenas de miles, millones de galaxias girando alrededor de ese centro solar. De ese núcleo relumbrante salen innumerables esferas de luz, cada una de ellas con un cuerpo de fuego blanco, un ovoide ardiente de Espíritu. (Véase lámina 1*a*).

Cada esfera de luz de fuego blanco se mueve en una acción giratoria y produce una polaridad, un taichí, que se convierte en los aspectos de Dios masculino y femenino. (Véase lámina 1*b*). Y entonces, justamente cuando la célula se divide por fisión, la polaridad se separa. Ahora existen dos esferas de luz idénticas, que se convierten en los aspectos masculino y femenino de la totalidad de Dios: dos llamas, llamas gemelas. Las dos llamas gemelas son selladas con el mismo arquetipo. Esa es su identidad en Dios, su Presencia Divina, que es una frecuencia y un patrón electrónico único para ellas y que no está duplicada en ninguna parte del cosmos. Es la Presencia de Dios individualizada para cada una de ellas. (Véase lámina 2*a*).

Desde cada Presencia Divina desciende un rayo; es el alma, que es la equivalente de la esfera del Espíritu. Por cada par de almas gemelas, una representa la polaridad femenina; la otra, la masculina. (Véase lámina 2*b*).

Como almas gemelas, nuestro destino original era el de aparecer del Espíritu y, mediante una serie de vidas masculinas y femeninas, expandir los dones de nuestra unión en el cosmos material. En este nivel de armonía, siempre estábamos unidos, jamás separados. Pero incurrimos en karma y nos encontramos más y más lejos el uno del otro. Poco a poco se fue generando un enorme anhelo en nuestra alma, un anhelo hacia Dios —el Dios que conocimos en el principio, que nos creó— y un anhelo hacia nuestro equivalente divino.

EL EQUILIBRIO MASCULINO-FEMENINO

A medida que continúan su viaje a través de las vidas en la Tierra, ustedes y su llama gemela se involucran en toda clase de relaciones entre sí. Pueden ser esposo y esposa, padre e hija, madre e hijo, hermana y hermano, amigos, compañeros de trabajo o cualquier otra relación. Todas las relaciones tendrán lugar, en alguna parte, en algún momento, en alguna vida.

Puesto que aún necesitan desarrollar las cualidades divinas del Dios Padre-Madre, ustedes y su llama gemela experimentan vidas tanto masculinas como femeninas. Pero incluso en esas vidas, cada cual es portador de una mitad del todo, una mitad particular de la polaridad. Uno será levemente más masculino y el otro más femenino.

Si en esta vida uno es hombre, será masculino en un 60 por ciento y femenino en un 40 por ciento; si es mujer, será femenina en un 60 por ciento y masculina en un 40 por ciento. Este desequilibrio contribuye al deseo de unión con el equivalente de uno mismo.

Un día, cuando su alma se haya reunido completamente con Dios, ustedes expresarán equitativamente el equilibrio de los atributos masculinos y femeninos. Serán andróginos, con el equilibrio masculino-femenino más cerca del 50 por ciento. Y cuando se reúnan con su llama gemela, juntos serán la totalidad divina en perfecto equilibrio, pero la polaridad seguirá existiendo.

Esta es la epopeya de nuestra evolución. Cuando despertamos y nos hacemos conscientes del recuerdo del alma sobre nuestra creación, de repente no solo es la vida y las circunstancias actuales lo que nos definen. Más bien, podemos seguir el rastro de nuestra existencia a través de muchas vidas, y en ellas vemos el tejido tanto del karma positivo como del negativo, que nos ha llevado por el laberinto de una miríada de niveles de experiencia, en muchas épocas y tiempos pasados.

Cuando nos llegan vislumbres así de la experiencia de nuestra alma, la vida asume un nuevo significado. No solo vamos en busca de una buena pareja en esta vida, sino que estamos en una búsqueda de nuestra llama gemela y la plenitud de nuestra identidad original en Dios.

Al captar brevemente ese recuerdo, comprendemos la unión que en un principio tuvieron nuestras llamas gemelas en Dios. Habiendo sido tocada una fibra sensible, percibimos el titilar de esas llamas en Dios antes de que asumiéramos la forma. Nuestro corazón vuelve a arder anhelando esa reunión, y con sinceridad buscamos la otra mitad de nuestra totalidad divina.

LA BÚSQUEDA

Con la renovación de la búsqueda en esta vida, puede que tengamos muchas preguntas. ¿Dónde está mi llama gemela? ¿Es de mi misma edad? ¿Es como yo o es diferente? Nuestra llama gemela puede estar encarnada sobre la Tierra o puede encontrarse en el mundo celestial o etérico. Puede que nosotros seamos la mitad que sigue en la Tierra trabajando para resolver su karma.

Aquellos de nosotros que tienen fuertes lazos con Dios y con el cielo, que son muy devotos, con frecuencia tienen a su llama gemela en el cielo. Estas personas pueden sentirse atraídas hacia una vida espiritual o monástica. Algunos de nosotros hacemos votos para desposar a Dios, pues sentimos cierta plenitud interior que surge de nuestra sensación de unión con un alma que está más allá de este mundo, aunque no lo sepamos conscientemente.

Si nuestra llama gemela se encuentra en nuestro mismo nivel en el sendero espiritual y está encarnada, puede que la anhelemos y la busquemos. Por otro lado, si nuestra llama gemela no sigue un sendero espiritual y tiene más lazos mundanos, podemos experimentar una gran dicotomía. Podemos amar el sendero espiritual pero, al mismo tiempo, nos podemos sentir empujados continuamente a buscar relaciones en este mundo. En algún sitio, entre todas esas atracciones temporales, está nuestra otra mitad, a la que nos sentimos dedicados a rescatar y elevar. Podemos ir de una relación a otra, buscando a esa persona que sabemos existe en alguna parte, de alguna manera. Mientras tanto, podemos enredarnos en relaciones que ni mejoran nuestro sendero espiritual ni nos llevan a estar más cerca de nuestra llama gemela.

UNIÓN y DICHA INTERIORES

Incluso estando casados con nuestra llama gemela y habiéndola conocido durante muchas vidas, hasta que no hayamos entrado en contacto con el fuego del corazón y la percepción divina de nuestra llama gemela, no nos habremos reunidos por completo. Podremos haber tenido una unión externa, pero no una interna; y así, seguimos sin conseguir la realización de la unión. Esta solo llega cuando el fuego salta en nuestro corazón y sentimos el profundo amor eterno de las llamas gemelas. Solo entonces, mediante la unión espiritual, tendremos la unión de las dos, unidas como un todo.

No se puede saber qué es la unión de las llamas gemelas hasta que se experimenta. Esto no quiere decir que sea la relación más perfecta a nivel humano. Pero cuando las llamas gemelas están presentes una junto a la otra, existe una reverencia mutua y un profundo intercambio espiritual.

«Lo que Dios juntó, no lo separe el hombre»[2]. Esta afirmación se puede entender bajo la perspectiva de las llamas gemelas. Lo que Dios ha unido son las llamas gemelas. Concebidas a partir del mismo cuerpo de fuego blanco, ustedes y su llama gemela son una sola cosa. Nada puede separar esa unión divina a nivel espiritual. No importa cómo parezca la situación exteriormente, las llamas gemelas jamás están separadas a nivel de la Presencia Divina. Allá donde se encuentre la otra mitad del todo, allá hay unidad.

El regocijo que produce en el corazón esta unión puede expresarse con este mantra: «¡Somos uno!». Cuando hagan este mantra, podrán darse cuenta de que cualquier separación, todo lo que les ha apartado de su llama gemela, se desvanece al comulgar en la llama viva de su amor.

RECUERDOS *del* ALMA

Mark Prophet, mi llama gemela, empezó esta búsqueda continua cuando era muy joven, una búsqueda que terminó con nuestro encuentro. Muchos de nosotros hemos tenido el recuerdo de un equivalente divino y de esta unión interior. Puede que haya sido algo consciente, pero con más frecuencia no lo ha sido; quizá haya sido una sensación o una intuición. El recuer-

do que Mark tenía de los reinos superiores le acompañó siempre, y también era consciente de los recuerdos que tenía su alma de nuestras llamas gemelas. Mark se acordaba de las maravillosas experiencias que tuvo de pequeño con alguien con quien algún día tendría una misión.

Una vez vi un álbum de recortes que Mark había hecho de niño. Su madre era estudiante de la Iglesia Unity, donde aprendió a hacer mapas del tesoro, que

Mark L. Prophet

son una representación visual de algo que uno quiere manifestar en su vida. Ella se lo enseñó a Mark, junto con la idea de reunir imágenes y escribir todo lo que se quiere manifestar. Así es que Mark hizo su propio álbum de recortes, y recortó una fotografía que había encontrado en una revista de un niño, que se parecía a él, y la puso en una página al frente del álbum. Luego recortó una fotografía de una niña de unos seis años de edad y la puso en la otra página. Era la niña de sus sueños. Y esta niña pequeña que había recortado era exactamente como yo cuando tenía seis años.

En algunas páginas posteriores del álbum encontré una fotografía que había recortado cuando prestaba servicio en las Fuerzas
Aéreas, durante la guerra, y era de un soldado con su novia mirando
desde su casa. Esta era la visión que él tenía de lo que le haría feliz
en el futuro, con su hogar e hijos. Mark me había hablado de las
fotografías que tenía en ese álbum y de cómo yo había realizado su
sueño, dándole felicidad, un hogar e hijos; pero yo no las había visto
nunca. Pensé que era muy curioso que me hubiera atraído hacia él
con esa visión.

IDENTIFICAR *a la* PERSONA

El momento en que identificamos por primera vez a nuestra
llama gemela tiene algo que es muy valioso, cuando vemos por primera vez la imagen y el rostro en una visión o quizá en la carne; y,
de repente, sentimos ese contacto. Es un contacto con aquella parte
de la vida que sabemos está unida a nuestro Yo Real. Se trata de un
momento que nadie nos puede dar y nadie nos debe quitar.

El día en que conocí a Mark, estábamos en una reunión en
Boston, donde él iba a hablar. Me senté enfrente del pequeño estrado
donde él estaba sentado y cerré los ojos para empezar a meditar. Al
hacerlo, Mark abrió los suyos y me vio sentada ahí. Más tarde me
dijo que me reconoció al momento como su llama gemela.

Pero siendo joven y sin estar tan avanzada como él en el sendero espiritual, sin comprender qué eran las llamas gemelas, sin tener
presente la búsqueda de la llama gemela, no sentí el impacto consciente al entrar en contacto con mi llama gemela en esa primera
reunión. Vi un instructor, alguien a quien podía seguir. Y después,
al pensar en el concepto de llamas gemelas, busqué una confirmación en Dios para poder saber de verdad si este hombre era realmente mío.

Así es que le pedí a Dios que me lo mostrara, y él me dio dos
de las experiencias más sorprendentes de mi vida. Un día, al pasar

al lado de un espejo y mirarme en él, no vi mi cara sino la de Mark. Fue como si todo mi rostro hubiera asumido sus rasgos. Miré al espejo y me contemplé a mí misma como mi equivalente divino. Mirarte al espejo y no ver tu propia cara supone un gran shock. Imagínense el impacto que deja eso, y además comprender que cuando ves a la otra mitad del todo cara a cara, es como ver a Dios cara a cara. Porque la visión estuvo acompañada de la chispa y la conciencia Divina. Me quedé sin respiración porque había experimentado la acción de mi llama gemela. Y después, quizá semanas o meses más tarde, algo parecido me ocurrió al pasar frente a un negocio, donde me vi a mí misma y a Mark reflejados en la vidriera.

EL RECONOCIMIENTO INTERIOR

El reconocimiento interior de nuestro amado o nuestra amada puede llegar de la más inesperada y tierna de las formas. A Dios le encanta sorprendernos. En la siguiente historia, una mujer dejó de buscar a su amor divino externamente, pero también hizo caso a su corazón. Y entonces se encontró con su llama gemela, cuando menos lo esperaba.

Cuando oí hablar por primera vez del concepto tan maravilloso de las llamas gemelas, era una joven estudiante universitaria. Pensé que mi llama gemela estaba en el cielo y decidí visualizar que me la presentaban en los reinos celestiales. Con mi viva imaginación, creé una meditación preciosa en la que mi amado y yo bailábamos al son de hermosos vals. Esta idea de conocer a mi llama gemela en el cielo me reconfortaba, igual que mi meditación, y me ayudó a renunciar a la idea de ir por ahí corriendo para encontrar a mi llama gemela en la tierra, lo cual suponía un gran alivio ¡y un gran ahorro de tiempo!

Más tarde, después de la universidad, estando en un

evento social en el que sonaba música de vals, un joven apuesto de ojos marrón terciopelo, a quien no recordaba haber visto antes, me pidió bailar, y yo asentí. Le miré a los ojos y sentí cómo si me cayera dentro de una galaxia. Le «reconocí», no como amor a primera vista, como en los cuentos, sino con una conexión mucho más profunda. Supe que se trataba de Él. Mi mente se preguntaba cómo era posible, puesto que estaba bien segura de que mi llama gemela estaba en el cielo. Pero mi corazón lo sabía. Él sintió lo mismo, y después me dijo que supo que yo era para él porque su corazón ardía cuando bailábamos.

Nos casamos al poco tiempo, y me sentí agradecida por haberlo encontrado, porque ese reconocimiento instantáneo se convirtió en un amor duradero. Llevamos casados más de veinticinco años y la conexión que tenemos sigue siendo tan profunda para mí como lo fue en el momento en que nos conocimos.

Con el tiempo, a través de una serie de acontecimientos tanto internos como externos, se hizo evidente que realmente éramos llamas gemelas. ¡La meditación del baile con vals que hice se hizo realidad aquí en la tierra!

Este joven profesor de la siguiente historia reconoció a su llama gemela la primera vez que oyó su voz. No muchos después, su creciente amor fue la confirmación incuestionable.

A principios de la primavera de 1965, estaba estacionado en una base militar del Ejército de los Estados Unidos, en la isla de Hokkaido, en Japón, cerca de la capital, Sapporo. Durante el tiempo en que estuve allí, utilicé gran parte de mi tiempo libre, como muchos otros soldados, dando clases de conversación en inglés a jóvenes y adultos japoneses. Siempre me gustaba empezar el primer día del nuevo semestre pidiendo a cada estudiante que dijera su nombre y una o dos cosas sobre sí mismo, algo que no les importara decir delante de los demás. Cuando oí a una de las jóvenes decir su nombre, su voz me tomó por sorpresa. Me puse derecho repentinamente, miré hacia ella y le pregunté: «¿Qué has dicho?». Ella se sintió un poco incómoda, pero repitió su nombre. No tuve la intención de ponerla en una situación embarazosa y me sorprendí de mi propia reacción ante el sonido de su voz, porque no tenía lógica. Ahora sé que lo que ocurrió es que mi alma, al reconocer su voz, supo qué especial era esa persona que habló y que era mi llama gemela. Pero en aquel momento no tuve una sensación real de lo ocurrido.

En las siguientes semanas me enteré de que aquella joven, que se llamaba Miki, venía de una respetada familia de Sapporo y que se acababa de graduar de una escuela en Tokio. Como teníamos por costumbre en Japón, algunos de nosotros íbamos a una cafetería cercana después de la clase para hablar y compartir experiencias. Cuando llegué a conocer a Miki descubrí que disfrutaba mucho al hablar con ella, porque era muy inteligente y tenía mucho sentido del humor. También era muy bella.

El Día de los Caídos* de 1965 tuvimos nuestra primera cita, que fue el principio de lo que llegó a ser la relación más significativa de mi vida; es decir, hasta que comencé a comprender mi relación con Dios y la de Dios conmigo. Había conocido a una mujer diferente a cualquier otra que hubiera conocido, y sabía con certeza que la amistad que tenía con Miki era muy especial. No podría haber explicado qué tenía de especial; solo sabía que lo era. Hablar con ella, simplemente estar con ella en una cafetería, incluso con ocho o nueve personas más, suponía una experiencia extraordinaria y única.

En noviembre de 1965 fue cuando nos dimos cuenta

---

*Memorial Day.

de que nos habíamos enamorado y nos comprometimos antes del fin de año. Pocos meses más tarde descubrimos que ella tenía una enfermedad crónica que nos impedía buscar un futuro, juntos, a largo plazo. Sin embargo, aún nos quedaba más de un año para hacer nuestra amistad y nuestro amor aún más profundos, antes de que falleciera en marzo de 1967.

Todavía recuerdo una tarde, después de comprender qué importancia teníamos el uno para el otro. La miré, y pensé: «Tengo mucha suerte de haber podido venir a Japón y encontrar a esta persona tan extraordinaria y exquisita. Me hace sentir como si estuviera pleno, como si estuviera completo». No estaba seguro de poder explicar el sentimiento, pero este estaba claro y era cierto. Luego tuve un par de pensamientos extraños: «¿Miki es la mujer más inteligente que haya conocido? No, no lo es», me dije. «Sin embargo, es la mujer más inteligente que he conocido». Recuerdo sonreír y pensar:» Bueno, ¿es la mujer más bella que haya visto?». En silencio me respondí: «No, no creo que lo sea. Sin embargo, es la mujer más bella que he visto».

LA CONTINUA BÚSQUEDA

Desde que llevo enseñando, he recibido cientos de cartas diciéndome que han encontrado a su llama gemela. Para identificar a su llama gemela, al principio buscan ciertos rasgos y características físicas. Puede que esto se deba al conocimiento interior que tenemos sobre la verdadera naturaleza del alma, en la que no existen irregularidades kármicas que se manifiesten físicamente y donde la belleza natural queda exteriorizada. Tendemos a buscar este arquetipo.

Pero frecuentemente también basamos nuestra creencia en quién es nuestra llama gemela en la experiencia del amor humano, en las personalidades compatibles o en una atracción física. En la mayoría de los casos, esas son señales externas que apuntan a una relación de almas compañeras o a una relación kármica, antes que a las llamas gemelas. Tenemos la tendencia de buscar estas señales externas. Por tanto, puede que nuestros conceptos no estén fundados en un sentido interior del arquetipo divino, sino más bien en el ideal humano. Por ejemplo, en la escuela secundaria, muchos muchachos se enamoran de una, dos o tres mismas muchachas, porque son muy guapas y parecen tener los atributos que todo el mundo quiere. Y muchas muchachas tendrán los ojos tiernos por varios de los muchachos.

Este énfasis en el atractivo meramente físico puede resultar en una experiencia devastadora porque, como cualquier otra, tales personas pueden ser superficiales, poco profundas. Cuando nos relacionamos con ellas, puede que no posean las cualidades, el carácter, la profundidad o la capacidad de tener una relación llena de amor. O puede que simplemente no sean nada de lo que imaginamos o deseamos. Es fácil enredarse en una relación así. Puede ser difícil o insatisfactoria, y entonces se puede terminar. Después podemos preguntarnos qué ocurrió. Quizá tengamos la sensación de haber amado de verdad a esa persona, pero ahora nos arrepentimos de la relación.

Es fácil confundirse con las percepciones de la mente exterior. Podríamos intentar determinar quién es nuestra llama gemela en base a lo que vemos como cualidades positivas o negativas u otras características superficiales. La mayoría de las personas reúne una colección de cualidades buenas y malas, por lo que estas cualidades no nos proporcionan una indicación exacta sobre si alguien es nuestra llama gemela o no.

A veces podemos pensar que alguien es nuestra llama gemela porque se parece mucho a nosotros. Aunque esto pueda parecer lógico, es más probable que las llamas gemelas sean claramente lo contrario, por haber realizado cada una de ellas el lado opuesto, una mitad bien diferenciada, de la totalidad divina. Habiendo estado separadas durante tanto tiempo, han desarrollado personalidades diferentes. Y han sido partícipes del mal uso de la energía así como de los enredos en los caminos del mundo, poniendo en movimiento sus propios ciclos kármicos. Por tanto, es posible que no encarnen con los mismos hábitos y patrones que nosotros tenemos.

En la búsqueda de nuestra llama gemela, también podemos pensar que una persona es nuestra llama gemela porque la recordamos de una vida anterior. El recuerdo de vidas pasadas con alguien como pareja en el matrimonio o en otras funciones no demuestra que esa persona sea nuestra alma compañera ni nuestra llama gemela. Es simplemente un recuerdo de haberla conocido antes.

Estas ideas y expectativas nos pueden hacer tropezar de otra forma. Aun conociendo a nuestra llama gemela, podemos tener la fantasía de un amor sin imperfecciones. Puede que estemos tan programados, en parte por los medios de comunicación y la publicidad, que nos sintamos decepcionados al conocer a nuestra llama gemela. Porque tenemos expectativas, a partir de una imagen superficial de un prototipo físico de carne y hueso, sobre quién debería ser nuestro equivalente y con quién nos deberíamos de casar. Por eso algunas veces ignoramos la parte más hermosa de otra persona al estar pendientes de otra cosa.

UNA PERSPECTIVA PRÁCTICA *para* ENCONTRAR *a* NUESTRA LLAMA GEMELA

Es posible que nos sintamos atraídos hacia nuestra llama gemela, hacia un alma compañera o hacia cualquier otra persona. En muchas vidas hemos tenido experiencias que influyen en nosotros y que hacen que nos sintamos atraídos hacia ciertas personas que conocemos en la vida, incluyendo las experiencias relacionadas con el karma. Por tanto, antes de encontrar a nuestra llama gemela, es probable que nos atraigan otras personas y que sintamos la inclinación a involucrarnos en varias relaciones.

Sin embargo, el tiempo y la energía que tenemos en una vida determinada son limitados, por lo que debemos decidir qué relaciones buscar. Si tenemos una relación que no es productiva, armoniosa, ni contribuye al sendero espiritual de ambos, nuestra llama gemela se nos podría escapar. Además, si albergamos en nuestro interior registros de dolor, miedo o una falta de perdón hacia nuestra llama gemela procedente de vidas anteriores, esas cosas podrían ser impedimentos para que nos unamos a ella y podrían empujarnos a buscar otras relaciones.

Si queremos hallar a nuestra llama gemela, podemos dirigir nuestra atención, consciente y específicamente, hacia esa meta. Podemos escribir las cualidades más importantes que nuestra otra mitad debería encarnar. Además, podemos escribir la meta de la relación una vez que hayamos encontrado a nuestra llama gemela, así como qué queremos lograr en esta vida. Pues dentro de veinte, cincuenta, setenta y cinco o cien años, todos nosotros habremos vivido esta vida y miraremos atrás, hacia lo que hayamos hecho para servir a los demás. El logro no es encontrar a la llama gemela. El logro es qué harán ustedes el día después.

Pueden hacer una ilustración física, o mapa del tesoro, de su llama gemela, tal como lo hizo Mark. Primero, reúnan imágenes que representen a su llama gemela. Luego péguenlas sobre papel o cartulina verde. El verde representa la abundancia, la abundancia de los dones de Dios, cualquiera sea la forma que estos adopten. También pueden añadir afirmaciones o cualidades. Sean tan específicos como sea posible en cuanto a los detalles: qué apariencia tiene la persona, cómo es su personalidad, etcétera. Incluso pueden añadir la fecha en la que deseen que su visión se manifieste. Todo esto se ajusta a la meta.

Definan el motivo de esta relación. Díganle a Dios por qué quieren el perfecto compañero o compañera. Díganle que, independientemente de qué relación sea, por encima de todo, ustedes quieren hacer la voluntad de Dios.

Luego miren el mapa del tesoro varias veces al día, incluso al principio y al final del día. Al hacer esto, denle esta visión a su Santo Ser Crístico y pidan la voluntad de Dios, confiando en que todo se cumplirá según el orden divino. Para terminar, imagínense que la relación está teniendo lugar ahora mismo y que la persona está en su vida aportándoles alegría y un amor superior, que satisface el anhelo de su alma.

Mientras tanto, estén bien dispuestos a aceptar los regalos que le pudieran llegar como respuesta a la atención que ponen desde el corazón. Podría ser que lo que su alma necesita es algo distinto a lo que se imaginan. Su concentración y su fe le traerán exactamente lo que necesitan para aumentar su comprensión y crecimiento.

EL IMÁN INTERIOR QUE LES ATRAE

Una de las razones por las que estamos separados de nuestro amado o amada es que nos falta la plenitud interna, y la ley cósmica nos empuja a manifestar una parte de esa plenitud antes de que nos encontremos con nuestra llama gemela. Al buscar esta plenitud en Dios, atraeremos más plenitud en nosotros mismos.

Cuando de joven iba a la universidad y buscaba a Dios intensamente, estaba segura de que ningún hombre me tendría, debido al deseo que tenía de tener a Dios. Aunque quería considerar el matrimonio, tuve que deshacerme de la idea de encontrar una relación perfecta. Me deshice de esa necesidad cuando busqué la respuesta en Dios y en las escrituras sagradas. Con un sentimiento de receptividad hacia cualquier cosa que Dios me mostrara, dejé caer la Biblia para que se abriera donde se abriera. Cuando lo hice, mis ojos se fijaron en estas edificantes palabras: «Porque tu marido es tu Hacedor»[3]. Y fue como si sintiera un estallido de percepción consciente. «Sí —dije— estoy casada con Dios. Dios es mi esposo. Dios satisface todas mis necesidades».

Era una espiral de energía que iba desde mi alma hasta mi

Presencia Divina, y me sentí plena. Sentí la dicha de la unión con Dios. Ese conocimiento me ayudó a atravesar los muchos años de servicio, al aumentar mi conciencia en la percepción del todo. Cuando alcancé cierta intensidad en esta percepción, Mark apareció en mi vida. Entre los millones de personas en los millones de sitios de todo el planeta, nos encontramos en el mismo momento en un lugar, conociéndonos por primera vez en esta vida. Debido a que yo era consciente de mi plenitud interior, había atraído el equivalente de mi identidad.

La siguiente es una historia de dos personas que también decidieron dejar de buscar a su otra mitad y buscar, en cambio, el sendero espiritual, con un resultado sorprendente.

El sueño casi siempre era el mismo. Yo estaba en un baile, y veía a una muchacha sentada sola, contra una pared, como si esperara a alguien. La reconocía, pero no sabía quién era. Me llenaban un gran amor y una gran felicidad difíciles de describir; y entonces, invariablemente, me despertaba y me daba cuenta de que solo había sido un sueño. ¿O no?

Durante la universidad y entre los veinte y los treinta años de edad, buscaba espiritualmente el huidizo amor que anhelaba. Mi búsqueda pareció dar resultado cuando, tras la universidad, marché a África occidental y conocí a una muchacha que compartía mis metas e intereses espirituales. Aunque tenía la esperanza de que fuera la persona que yo buscaba, un sentimiento interior me dijo que no lo era. Después tuve varias relaciones, pero en ellas nunca sentí la confirmación en mi corazón como un sentimiento acelerado. Por eso empezaba a dudar de que la encontraría.

Entonces decidí dejar de buscar y concentrarme en mi sendero espiritual. Sin que yo lo supiera, al otro lado del mundo, en América Latina, una joven de veintitantos años viajaba, trabajaba y buscaba espiritualmente muchas respuestas. Aunque nos separaba medio mundo, estábamos conectados por nuestra búsqueda de Dios.

Con el paso del tiempo, unos tres años más tarde, nos conocimos en un lugar y en un momento de lo más inesperado: en una ciudad muy grande que nos era extraña a los dos. Dios me tuvo que dar una pequeña indicación, y si no hubiera hecho caso de eso, probablemente no la habría encontrado. Superficialmente, éramos opuestos de muchas formas, pero durante los días y semanas que pasamos hablando y contándonos cosas, la profunda conexión interior se volvió más fuerte.

Ya no tengo necesidad de soñar con ella, puesto que llevamos casados muchos años. Siempre hemos tenido la prioridad de poner a Dios primero. Nuestro viaje espiritual nos reunió, llenó nuestra vida de amor, una alegre familia, un trabajo fructífero; y nos ayudó a navegar por todos los desafíos. Puesto que nuestro viaje parece mejorar, cada vez más, a menudo nos decimos: «¡Lo mejor está por llegar!».

LLAMAS GEMELAS SEPARADAS

A veces dos personas son llamas gemelas y lo saben a nivel de su alma. Sin embargo, es posible que no estén destinadas a estar juntas en esta vida. En tales casos, con frecuencia la mente exterior no es consciente de lo que el alma sabe a nivel subconsciente, y esto puede servir de protección para todos los interesados.

Cuando las llamas gemelas no están destinadas a estar juntas en su vida actual, las razones pueden ser muchas. Quizá el restablecimiento de la relación de llamas gemelas signifique la ruptura de familias y hogares. O puede que causara un cataclismo en la vida de las personas por encontrarse estas en situaciones que las obligan; por ejemplo, si están trabajando con un karma del pasado que ha de resolverse antes de poder seguir adelante en la vida.

Puede ocurrir que dos personas que son llamas gemelas estén casadas con otras personas. Estas llamas gemelas pueden conocerse, e incluso verse, en sus actividades cotidianas, quizá en el trabajo. Pero conservan felizmente sus matrimonios igual que tienen una relación de trabajo o amistad sana con la persona que es su llama gemela (aunque no reconocen a su llama gemela con su conciencia exterior).

He visto llamas gemelas donde el hombre tenía veinte años y la mujer, setenta. No ha de sorprender que su reunión no produjera un amor instantáneo ni el matrimonio. Ni la relación llegó a ser nada más que una amistad fiel y un aprecio mutuo. De hecho, aunque son inseparables, nunca se dieron cuenta de que eran llamas gemelas. No era necesario que lo supieran. Sus almas lo sabían y lograron hacer lo que tenían que hacer, sin tener que afrontar nada más de cuanto estaban preparados para afrontar.

Cuando es obvio que el plan divino no conlleva encontrarse con su llama gemela, ello no significa que Dios no proporcione una pareja, un compañero, un esposo o una esposa. Tal persona puede ser un alma compañera, alguien con quien ha habido una amistad desde hace mucho tiempo, que les interesa profundamente, con quien pueden llevar a cabo las cosas; una relación que satisfaga al alma porque está orientada a llevar a cabo proyectos. O puede que ustedes tenga un karma que no se puede saldar de otra forma que con un matrimonio, y eso también puede ser satisfactorio, debido a las lecciones que se aprenden y el amor que se comparte entre sí y con los hijos, que es lo que más importa.

JUNTOS *al* FIN. ¿Y AHORA QUÉ?

Tener una relación con la llama gemela de uno es una oportunidad de lo más bendita y sagrada. Es un tiempo para regocijarse, después de muchas vidas separados; pero puede haber desafíos, como en cualquier otra relación. Así pues, el encuentro con nuestra llama gemela no significa que todo vaya a ser maravilloso. Habiendo encarnado por toda la Tierra en varias vidas y circunstancias, y habiendo creado muchas situaciones kármicas, las llamas gemelas fácilmente pueden tener choques superficiales de personalidad u otras dificultades. Cuando comprendemos que esas cosas no son la verdadera esencia de nuestra relación, podemos resolverlas. De hecho, no existen en el planeta llamas gemelas que estén libres del karma mutuo, y por eso parte del trabajo de las llamas gemelas es saldar su karma.

En el caso de Mark y yo, me di cuenta claramente de que la intensidad de nuestra relación era excelente y, por tanto, también delicada. Debido al dolor y la tristeza interior por haber estado separadas tanto tiempo, así como por haber incurrido en karma, las llamas gemelas muchas veces sienten una gran intensidad en su relación. Esto requiere de un gran cuidado, de lo contrario puede surgir una gran discordia. Por tanto, las llamas gemelas se pueden beneficiar al reconocer que su amor puede ser mucho más grande que cualquiera de las cosas que se interpongan entre ellas.

A lo largo de los años he tenido el privilegio de hablar con parejas de las que sé, desde los niveles internos, que son llamas gemelas. Es curioso escuchar cómo sus problemas son comunes, con los que me puedo identificar por mi propia experiencia de estar casada con mi llama gemela. Ninguna otra relación en el mundo se puede ni siquiera comparar. Es el sentimiento de unidad lo que diferencia a estas relaciones. Una mujer me describió una experiencia así cuando me habló de su matrimonio con su llama gemela.

> *Tenemos un matrimonio feliz, pero tenemos nuestras diferencias, como cualquier otra pareja. Somos personas muy diferentes. Tenemos intereses distintos y somos opuestos en muchas formas. Pero siempre tenemos un sentimiento de conexión profunda. Mi esposo forma parte de*

mí a niveles internos de tal manera, que simplemente es un hecho. Ese sentimiento de conexión interior nunca ha cambiado desde el primer momento en que nos reconocimos, y llevamos casados casi treinta años. Esto es lo que nos hace sobreponernos a todas las diferencias y dificultades que surgen.

Algunas veces surgen situaciones y sentimientos realmente profundos, pero sabemos que no podemos huir de ellos. Han de resolverse, y es la única forma de seguir adelante. A veces, esto resulta tan sencillo como hablar del tema y otras, hace falta que nos arrodillemos para rezar intensamente.

Parece ser que estos problemas tan profundos tienen que ver con el momento cuando nos separamos por primera vez. Es mucho más profundo que el drama superficial que se genera. A veces tengo miedo de perderlo otra vez pero, al mismo tiempo, sé que es un temor irracional, pero es intenso. Sin embargo, sea cual sea el problema, existe un sentimiento de unión entre nosotros que nos da el mayor deseo de resolver estos problemas tan intensos.

Muchas veces veo que las llamas gemelas son tan diferentes que suponen un buen equilibrio mutuo. Una de ellas puede ser calmada y centrada mientras que la otra, más pasional y emocional. Cuando una está enojada, la otra proporciona una sensación de paz. Aprenden una de la otra. Una puede disfrutar del trabajo físico, mientras que la otra tiene una orientación más intelectual. Sean cuales sean las diferencias, las llamas gemelas comparten un enorme amor, que es la energía creativa de Dios.

Puesto que están unidos a su llama gemela, pueden hacer la pregunta: ¿Qué vamos a hacer con este amor tan grande? ¿Qué vamos a lograr? ¿Cómo vamos a saldar nuestro karma y compartir nuestro amor con el mundo?

Ustedes pueden sentir este profundo amor si están con su alma compañera, con su llama gemela o si tienen un matrimonio kármico. Lo que importa es que ustedes y su pareja compartan una verdadera entrega mutua, un amor puro y un logro duradero.

UNA ORACIÓN *para* SERVIR *con* SU LLAMA GEMELA

Tanto si están con su llama gemela como si no, pueden hacer la siguiente promesa de las llamas gemelas para saldar karma y servir en armonía. Pueden escribir la oración a mano, luego firmarla y ponerle fecha, y ponerla en su Biblia o en otro libro sagrado:

> Oh Señor, deseo realizar el mejor servicio y cumplir mi voto interior con mi llama gemela. Si el karma ha de separarnos y, por tanto, también nuestro servicio, te pido que lo pongas a un lado por una hora y un año para que podamos mostrarnos dignos, arar un surco derecho y entrar al servicio de Dios y nuestro prójimo. Así, rezamos para que, juntos, podamos elegir saldar ese karma. Y eso mismo elegimos, Señor.

EL AMOR EXPANSIVO *de las* LLAMAS GEMELAS

El fuego de su corazón puede fundirse con el fuego del corazón de su llama gemela, y eso es amor eterno. Se siente la unión; uno no está solo. (Véase lámina 3). Uno va por ahí sintiéndose alegre, pleno, gracias a la omniconsumidora llama de la alegría de Dios, porque uno se ha entregado a Dios en alguien que es de Él. Ese amor, que nace de la plenitud de uno, es tan maravilloso, tan milagroso, que uno nunca podrá dejar de darlo y nunca podrá dejar de volver a llenarse de él. No engaña a nadie, ni a nuestro cónyuge actual ni a nuestros hijos ni a nuestros amigos, sino que es un amor que puede abarcarlo todo. Este amor de las llamas gemelas, que da un profundo y eterno sentido a la vida, solo puede multiplicar el amor que sentimos por cualquier otra persona.

Ahora mismo, el amor que ustedes sienten por su llama gemela puede producir alegría y plenitud, un propósito en la vida, tanto si están juntos como separados. Puede ser un amor como el de los recién casados, en el que el mundo entero está lleno de amor y todos a quienes encuentran a su paso reciben el amor de los dos corazones que laten como uno solo, mientras forjan esa unión día a día, haciéndola más bella.

Este amor de las llamas gemelas contiene una intensidad que se puede traducir en un trabajo positivo, en un momento dado, y en servicio hacia los demás. Si están con su llama gemela en esta vida, tienen la oportunidad de expandir esta bendición que es su unión. Tienen un gran amor que compartir así como el poder y la energía creativa del universo. Pueden reflexionar sobre qué creación más maravillosa van a producir y a entregar al altar de la humanidad, para que, con su amor, toda la raza humana sea elevada. Porque, al final, esa es la razón por la que Dios les hizo llamas gemelas.

Y todo lo positivo que hagan ahora mismo también les ayuda, a ustedes y a su llama gemela, a saldar su karma conjunto, de forma que puedan llegar al punto de la gran reunión, la cual es, en un sentido, solo el principio. Ustedes y su llama gemela están destinados a avanzar a través de las eras, a través de la luz del cosmos, para expandir la conciencia del Dios Padre-Madre. Pues Dios se transciende continuamente. Dios continuamente llega a ser más de sí mismo. Las posibilidades no tienen fin. Y una vez que estén libres de las cadenas del karma y las rondas del renacimiento, serán libres para cumplir su destino, juntos, por los siglos de los siglos.

La historia de Winston Churchill y su llama gemela, Clementine, revela lo profundo que es el amor de las llamas gemelas, que fue la fuente gracias a la cual proporcionaron un gran servicio a su país.

Winston y Clementine Churchill

Nada podía separar a Winston Churchill y a su amada, Clementine, ni disminuir su amor. Sin saber conscientemente que eran llamas gemelas, tuvieron una gran lealtad y una gran compromiso. Mientras que la relación en lo exterior afrontó dificultades y no fue perfecta, el intercambio divino entre ellos fue profundo. Singularmente distintos, eran el complemento perfecto el uno del otro. El amor de Clementine era calmado e intenso, y el apoyo que le dio a Churchill hizo que él pudiera ser un líder valiente en una época de gran crisis en el mundo y en guerra.

Cuando conoció a Clementine, Winston Churchill había escrito numerosos libros, había sido parlamentario y era famoso por su botín de guerra en tres continentes. Tuvo algunos intereses románticos, pero ninguno perduró. Clementine era diferente y él lo sabía. Sí, ella era hermosa, sensible e inteligente, pero tenía algo más. Probablemente sin ser consciente de ello, había hallado a su llama gemela. Tras un breve período de noviazgo, se casaron en 1908 y su amor no hizo más que crecer durante sus cincuenta y seis años juntos.

No fue un matrimonio fácil. Estuvieron separados por grandes períodos de tiempo, durante dos guerras mundiales y algunas de las crisis más grandes del siglo veinte. Perdieron un hijo pequeño, y una hija adulta se suicidó. Sin embargo, su amor perduró. Dejaron mil setecientas cartas y demás correspondencia entre ellos, y la dulzura y pureza de su amor destella en un lenguaje que hoy nos parece pintoresco.

Cuando pensamos en Churchill, la imagen que tenemos es, a menudo, la de un líder en guerra posicionado, inspirando a una nación y a un mundo entero a levantarse y derrotar un mal que nos amenazaba a todos. Él fue eso y más, pero también fue un devoto esposo, que podía escribir palabras como estas:

«No amo ni amaré nunca a ninguna mujer en el mundo más que a ti... Amada, beso tu recuerdo; tu dulzura y tu belleza han dado gloria a mi vida. Siempre me encontrarás como tu amante y devoto esposo»[4].

¿Podría haber logrado Winston tanto sin el amor y el apoyo de su querida Clementine, que lo sostuvo durante algunos de los días más peligrosos y oscuros de la historia? Sus logros no le pertenecían solo a él, sino que también fueron el fruto del poderoso amor de las llamas gemelas.

TODO *el* AMOR REGRESA *a* SU LLAMA GEMELA

A través de los altibajos que tienen las relaciones, todos hemos sentido algunas veces que no nos devolvían el amor de la forma que esperábamos. Sin embargo, no hemos de sentir que hemos fallado por haber amado sin recibir respuesta.

Porque el amor que es una fuente en su corazón, el amor que se hincha al fluir, nunca se puede detener, porque viene de Dios. Ese amor regresa a Dios. Tiene su origen en la fuente del ser de ustedes y a esa fuente regresa. Y durante ese proceso de salir y regresar a la fuente, debe fundirse con, y pasar cíclicamente por, la conciencia de su llama gemela. Por tanto, todo el amor que ustedes hayan dado alguna vez a cualquiera, en cualquier parte, siempre regresa al corazón de su llama gemela.

En cierto sentido, no importa con quién estemos casados. Sí

importa en el sentido de que estaremos casados con aquella persona a quien tengamos que servir por karma, y ese matrimonio siempre conmemora la unión de las llamas gemelas. Tanto si están casados con su llama gemela como si no, están casados al servicio de su llama gemela. Estás casados para dar amor, mientras se preparan para encontrarse con su llama gemela.

Amar y continuar amando y amar más, tanto si el objeto de ese amor es o no su llama gemela, tanto si ustedes consideran que esa persona se lo merece como si no, es el camino del sendero espiritual. Pues Dios siempre es merecedor de su amor y Dios vive en el corazón de todo el mundo.

Por tanto, ustedes pueden realmente decir, cuando miren a su hijo, a su amado o su amada, a su padre o a su madre o a su amigo: «¡Oh Dios, eres tan magnífico! Te amo. Te amo. Te amo». Y al decírselo a Dios en el hombre, la mujer y el niño, invocarán a Dios, y esa persona será Dios, y recibirá su amor. Este es el sendero de regreso a casa. Porque el verdadero amor no se busca a sí mismo. Es amar por el hecho de amar.

CAPÍTULO 3

ALMAS COMPAÑERAS

No todas las relaciones hermosas que satisfacen al alma son entre llamas gemelas. Muchas de ellas son un amor de almas cercanas y semejantes, llamadas almas compañeras. Las almas compañeras tienen un desarrollo del alma y un sendero de maestría propia parecidos. Se juntan porque trabajan para saldar el mismo tipo de karma y para desarrollar cualidades parecidas, y tienden a complementarse. Son compañeras en el sentido de ser compañeras de viaje, muy parecidas y compatibles, porque su desarrollo del alma es del mismo nivel. En un matrimonio de almas compañeras, la pareja, muchas veces, trabaja conjuntamente para proporcionarse un servicio mutuo, para saldar karma y para realizar su propósito en la vida.

A lo largo de nuestras vidas tendremos varias asociaciones así. E incluso si ustedes están con su llama gemela en esta vida, es probable que tengan a otras personas en su vida que son almas compañeras suyas. Unos novios o unos esposos podrían ser almas compañeras. Pero muchas otras, posiblemente compañeros de trabajo o amigos, también podrían ser almas compañeras.

Las almas compañeras pueden tener la misma edad o pueden tener edades distintas. Frecuentemente poseen rasgos faciales similares y un tipo de físico parecido. Los varios tipos de relaciones entre almas compañeras con frecuencia tienen una gran armonía y cierto elemento de plenitud. Por tanto, las almas compañeras pueden tener matrimonios y amistades, así como relaciones entre hermanos y demás familiares, fuertes y sanas.

Las relaciones entre almas compañeras pueden ser menos intensas que las relaciones entre llamas gemelas, porque las almas compañeras no sienten el mismo dolor por la separación original de su compañero divino y la separación durante vidas posteriores. Cuando están separadas, las llamas gemelas pueden incurrir en una gran cantidad de karma negativo, lo cual puede hacer que su relación sea más difícil, pudiendo producir fricción entre ellas. Por eso algunas veces las almas compañeras se sienten más cerca que las llamas gemelas.

COMPARTIR un SERVICIO DOBLE

Un alma compañera puede ser una persona con la que hayan trabajado en la misma misión durante muchas vidas. Con frecuencia, las dos personas trabajan bien juntas y están orientadas a realizar proyectos. Debido a sus similitudes, pueden tener intereses y aptitudes paralelas.

Por ejemplo, ustedes podrían tener, por elección propia o como tarea asignada, la meta de dominar la música. En tal caso, formarán parte de un grupo de músicos y podrían encontrar a alguien, un compañero de trabajo o alguien con quien podrán compartir no solo su amor por la armonía, sino también una verdadera comunión del alma. También podrán compartir una bendición añadida, la que nos llega a nosotros y a nuestros empeños desde la Presencia Divina de las dos llamas gemelas: la suya y la de su alma compañera. Esta bendición añadida amplifica el potencial constructivo de las almas compañeras unidas en un trabajo o en un servicio.

Una sociedad que reflejó la relación de las almas compañeras compartiendo un servicio doble fue el matrimonio de John Adams, el segundo presidente de los Estados Unidos, y su esposa Abigail.

Las más de mil cien cartas entre John y Abigail Adams con frecuencia comenzaban con las palabras: «Queridísimo amigo»[1]. De su correspondencia se desprende con claridad que estas almas compañeras jamás podrían haber logrado solas lo que hicieron juntas. Fue un matrimonio entre iguales con una meta en común. Estuvieron separados por largo tiempo muchas veces y, en sus frecuentes cartas, Abigail ofrecía ánimo, perspicacia y perspectiva sobre la multitud de asuntos que John afrontó en su vida política. Las astutas observaciones de Abigail y su innata inteligencia ofrecieron a John consejos perfectos. Por ejemplo, en marzo de 1776, cuando estaba redactando leyes, ella le desafió: «Acuérdate de las damas y sé más generoso y favorable con ellas de lo que lo fueron tus antepasados». Y continuó: «No nos consideraremos vinculados a ninguna ley en la que no tengamos voz ni representación»[2]. Con sus esfuerzos unidos, se unieron en su devoción hacia Dios y la libertad en los Estados Unidos revolucionarios.

John y Abigail creían que «el propósito de la vida era servir, realizar actos virtuosos y generosos, sacrificarse por la comunidad y para que el mundo mejore»[3]. Y desde luego que se sacrificaron. Antepusieron a su vida personal su vocación superior, que los dos compartían. John escribió: «Ni con trabajo ni con la mirada ella me desanimó a correr los riesgos por la salvación de las libertades de mi país; estaba dispuesta a compartir conmigo... todas las peligrosas consecuencias que nos esperaban»[4].

La causa de la libertad le debe mucho a estas almas que lograron tantas cosas debido al mutuo reconocimiento que hicieron de su vocación. Fue, sin duda, una de las sociedades más grandes de la historia estadounidense.

La misión de John y Abigail Adams dejó una huella tal en la historia que llegaron a ser conocidos mucho más allá de las fronteras de su mundo más inmediato. Sin embargo, otras almas compañeras de menor prominencia en el mundo con frecuencia trabajan codo con codo en su silencioso, pero significativo, servicio a la vida, como los jóvenes de la siguiente historia.

Yo trabajaba en una escuela hebrea de la Costa Este. Además de enseñar, también escribía cuentos infantiles sobre los profetas y los líderes del Antiguo Testamento. Amaba mi trabajo y estaba completamente inmersa en él, por lo que ni siquiera pensaba mucho en los hombres ni en casarme.

Entonces llegó un nuevo profesor, pero no le di mucha importancia. Él también estaba fascinado con las figuras bíblicas y hacía bonitas diapositivas llenas de color sobre sus vidas para inspirar a los niños. Poco después de comenzar a enseñar en la escuela, a menudo me encontraba a mí misma cerca de él, aunque no lo hacía a propósito. Había tenido algunas malas experiencias con los hombres, por lo cual, francamente, les tenía un poco de miedo. Por eso traté de evitar a este hombre, pero él entró en mi vida silenciosamente. Empecé a notar que era muy tierno y lindo. Después me enteré de que estaba en un dilema. Empezó a enamorarse de mí, pero yo parecía tan reservada y desinteresada que no sabía qué hacer, porque no quería forzar las cosas.

Finalmente, decidió pedirme si quería salir con él, para ver qué ocurría. Un domingo por la mañana tuvimos

*nuestra primera cita. Nos fuimos de picnic a una pequeña
arboleda, no lejos de la escuela. Fue un encuentro tranquilo;
los dos estuvimos algo tímidos. Pero al estar sentada ante
él, tuve un sentimiento de alegría, paz e incluso un diminuto brote de amor.*

*A su debido tiempo nos casamos. El diminuto brote
de amor floreció, convirtiéndose en un ramo eterno. Los
dos continuamos enseñando en la escuela hebrea y creando
cuentos en forma escrita y visual sobre los notables hombres y mujeres del Antiguo Testamento. No tuvimos hijos,
pero consideramos nuestro trabajo y nuestro servicio
como nuestros hijos. Nuestro matrimonio ha sido feliz,
armonioso y lleno de bendiciones. Y hasta el día de hoy
siento la misma alegría, paz y amor que sentí el primer día,
cuando fuimos de picnic juntos a la pequeña arboleda.*

El servicio mutuo y complementario de estos profesores, así
como su relación naturalmente recíproca, ejemplifica la naturaleza
de la relación entre almas compañeras. La armonía y naturalidad al
estar juntos también es señal de una relación de dos personas que
probablemente tengan mucho karma positivo y un mínimo de karma
negativo. Demuestra cómo las almas compañeras pueden tener una
relación productiva y de mutuo apoyo, y eso puede ocurrir en parejas de matrimonios, en las varias relaciones familiares, con los compañeros de trabajo o con los amigos.

HERMANO y HERMANA en el FONDO

Las almas compañeras pueden ser parejas que se respeten y
amen verdaderamente. Aunque puedan sentir una gran atracción y
un fuerte lazo, matrimonios satisfactorios así como una profunda
unión de corazón, en última instancia su relación es más como la de
hermanos, con ese elemento de congruencia y compañerismo.

Si bien ustedes y su alma compañera pueden amarse mucho, podrán percibir que una relación así no es tan elevada ni tan profunda como la relación con su equivalente, la llama gemela, que ha sido su otra mitad desde el primer momento de su creación. Por tanto, aunque la relación de almas compañeras pueda poseer elementos románticos, no es el romance supremo del alma con su llama gemela.

Sin embargo, a veces las personas suponen que solo porque han encontrado a un alma compañera, están destinadas a tener una relación romántica con esa persona. Cuando ustedes encuentren a una persona, o más personas, con quien tengan una conexión para la realización de un empeño que merezca la pena, puede que realmente sean almas compañeras, pero eso no quiere decir que la relación automáticamente tenga que ser romántica. De hecho, uno puede terminar el proyecto y estar listo para el siguiente paso en la vida, que puede ser con un círculo totalmente nuevo de gente y, quizá, otra alma compañera.

ORACIONES *para* FORTALECER *y* PROTEGER *las* RELACIONES

Ahora sabemos que nuestra alma ha tenido una larga historia de encuentros, enredos y separaciones relacionadas con nuestra llama gemela, almas compañeras y otras personas. A lo largo de esos tiempos y en esas relaciones, hemos tenidos retrocesos y problemas, así como obstáculos para buscar el amor ideal.

Por tanto, sería bueno que fortalecieran y protegieran sus relaciones y que rezaran de todo corazón a Dios por este fin. Para conseguir reforzar eficazmente sus devociones, pueden utilizar lo que yo denomino la ciencia de la Palabra hablada, que es una forma de oración en voz alta.

La oración pronunciada en voz alta es algo esencial en todas las religiones del mundo, como muchos de nosotros hemos experimentado en nuestra vida. La ciencia de la Palabra hablada es una forma acelerada de oración comparada con las formas de oración de Oriente y Occidente. En ella se utilizan oraciones, mantras, afirmaciones y meditaciones junto con decretos dinámicos, que son poderosas peticiones dirigidas a Dios en voz alta. Cuando meditamos, comulgamos con Dios. Cuando rezamos, nos comunicamos con Dios y solicitamos su ayuda. Cuando decretamos, comulgamos, nos comunicamos y dirigimos la luz de Dios hacia nuestro propio mundo para cambiar las circunstancias que vemos a nuestro alrededor. En efecto, ordenamos que la energía fluya desde el Espíritu hacia la materia.

EL USO *de la* CIENCIA *de la* PALABRA HABLADA

Muchos decretos y muchas afirmaciones utilizan el nombre de Dios «YO SOY» con el fin de acceder al poder espiritual. «YO SOY» es el nombre de Dios revelado a Moisés cuando este vio la zarza ardiendo. «YO SOY EL QUE YO SOY» significa «como arriba, así abajo»; «como Dios es en el cielo, Dios es en la tierra dentro de mí. El poder de Dios está justo donde yo estoy». Cada vez que digan «YO SOY...» estarán afirmando «Dios en mí es...».

Como sabrán, las antiguas tradiciones espirituales así como los estudios modernos han demostrado que el sonido es eficaz en crear cambio. Así, cuando queremos bajar luz y energía procedente de Dios para producir una transformación o crear un cambio positivo en el mundo, hacer decretos en voz alta es algo indispensable.

Además, podemos aumentar el poder de nuestras oraciones cuando nombramos y visualizamos específicamente aquello que queremos que tenga lugar. Cualquier cosa sobre la que pongamos nuestra atención, la cargamos de energía. La imagen que mantenemos en el ojo de la mente es como un arquetipo, y nuestra atención es el imán que atrae las energías creativas del Espíritu para llenar ese arquetipo con lo que queremos manifestar.

La repetición también aumenta los beneficios de la oración en voz alta. Decretos, fíats y mantras, todos ellos, han de ser repetidos. En Oriente, la gente hace mantras repitiéndolos continuamente, incluso miles de veces al día. Pero en Occidente, por lo habitual, no estamos acostumbrados a hacer eso. A veces la gente dice: «¿Por qué hay que pedirle a Dios algo más de una vez?». La respuesta es que repetir una oración no significa solo pedir algo una y otra vez. En realidad, significa fortalecer el poder de la petición al cualificarla con más energía-luz de Dios.

Ustedes también pueden pedirle a Dios que envíe a sus ángeles a que le protejan. Miles de personas han experimentado milagros que ellas creen que fueron posibles gracias a sus oraciones a los ángeles. El ángel más grande y reverenciado en las tradiciones judía, cristiana e islámica es el Arcángel Miguel. (Véase lámina 4). Él y las legiones de ángeles que comanda nos protegen de los peligros físicos y espirituales. El Arcángel Miguel me ha salvado la vida personalmente una docena de veces, que yo sepa, y probablemente me la haya salvado miles de veces más, que yo desconozco. Estoy segura de que lo mismo es cierto en su caso.

El decreto se puede utilizar para cualquier cosa positiva que quieran producir para sí mismos y sus relaciones, así como para ustedes y su llama gemela. Pueden rezarle a Dios para que proteja a su llama gemela y para que los dos se puedan encontrar, si eso entra dentro de su plan divino en esta vida. En cualquier oración o decreto que hagan, también pueden incluir esta forma de dirigirse a Dios: «Amada Presencia Divina y Yo Superior, míos y de mi amada llama gemela...».

Cuando quieran llamar al Arcángel Miguel para que les ayude, visualícenlo como un ángel hermoso, poderoso y majestuoso vestido con una brillante armadura y una capa y aura de color azul zafiro brillante. Véanlo delante de ustedes, detrás, a su derecha, a su izquierda, por encima, por debajo y a su alrededor. Él siempre va acompañado de una cantidad ilimitada de ángeles que les protegerán y escoltarán dondequiera que vayan.

¡San Miguel delante,
San Miguel detrás,
San Miguel a la derecha,
San Miguel a la izquierda,
San Miguel arriba,
San Miguel abajo,
San Miguel, San Miguel, dondequiera que voy!

¡YO SOY su amor protegiendo aquí!
¡YO SOY su amor protegiendo aquí!
¡YO SOY su amor protegiendo aquí!

PREGUNTAS Y REPUESTAS

con Elizabeth Clare Prophet sobre

Llamas gemelas y almas compañeras

ENCONTRARSE *con* SU LLAMA GEMELA *y* RECONOCERLA

P: ¿Cuál es el sentimiento que me dirá si alguien es mi llama gemela?

R: La mayoría de nosotros queremos conocer la verdad y vivir en el nivel más alto que podamos percibir, según nuestra capacidad, y lo máximo que podemos hacer es mejorar lo que yo denomino *perceptores*. El mayor perceptor es el corazón. Si quiere sentir la percepción refinada de su corazón, tendrá que purificarlo y limpiarlo de ilusiones, fantasías y demás irrealidades. La pureza de corazón nos ayuda a atravesar los desafíos de la vida. ¿Son puras sus razones? ¿Son puros sus motivos? ¿Es puro su deseo? Si posee esa pureza de corazón, entonces su corazón es un buen receptor y usted recibirá el mensaje puro.

Pero si usted no percibe con inmediatez o si no está seguro de su percepción, es mejor que espere a tomar una decisión o a pasar a la acción. También puede pedirle a Dios una confirmación mientras espera la respuesta con una actitud abierta.

P: ¿Qué importancia tiene el hecho de no haber encontrado a la llama gemela?

R: Nuestros planes en la vida son muy complejos. Descendemos a la vida con una tarea que hacer. Tenemos muchas cuentas pendientes y responsabilidades que no hemos cumplido en otras vidas. Y a veces tenemos que pasar por muchas cosas antes de que nos llegue el ciclo de encontrarnos con nuestra llama gemela.

Algunas veces se trata del muchacho de la casa de al lado. Aunque le ha conocido toda la vida, usted tenía que quitarse de en medio todo lo demás, cierta cantidad de karma, antes de poder reconocerlo. Para cada persona es algo muy distinto. A veces es imperativo encontrar a su llama gemela y a veces no entra dentro del plan para esta vida.

En cualquier caso, recuerde que, en cierto sentido, cualquier persona con quien esté es su llama gemela, porque cualquiera puede ser el recipiente de Dios. Cualquier persona a quien conozca puede ser amigo, maestro o instrumento del Yo Superior.

Por tanto, nos amamos unos a otros como amamos a nuestra llama gemela en un sentido espiritual, y al ejercer esa entrega hacia todo tipo de gente —no solo en relaciones de pareja, sino con niños y con otras personas— practicamos la presencia del amor. Y más allá de la persona a la que conocemos, enviamos amor a nuestra llama gemela. Y eso es lo que importa, ejercer el amor en la vida.

P: **¿Cómo puedo acelerar las cosas para conocer a mi llama gemela?**

R: Cuando más vaya usted pasando por los ciclos de las causas del pasado que ha puesto en movimiento, más puede acelerar su vida. Y cuando digo «ir pasando», me refiero a transmutar, o transformar, y a resolver. Al utilizar oraciones y afirmaciones espirituales específicas para este fin, puede hacer más en esta vida de lo que podría haber hecho en vidas anteriores en circunstancias normales. (Véase capítulo 5 sobre la llama violeta).

Puede escribirle cartas a Dios; eso funciona. Simplemente, escriba una carta y póngala dentro de la Biblia o de otro libro sagrado, allá donde usted rece o medite. Después pídale a Dios, si es voluntad suya y está de acuerdo con su plan divino, que por favor le revele a su llama gemela, y pídale cómo puede trabajar en los niveles internos o externos con esa persona.

Sabe usted, Dios ama hacer cosas por nosotros. Le encanta hacernos felices. Y está bien que seamos capaces de esperar la respuesta, darle a Dios la oportunidad de hacer algo por nosotros. Podemos hacer esto siendo diligentes en aquello que debemos hacer para desarrollarnos, aumentar nuestro amor y servir a los demás. Si intentamos conseguir cosas para nosotros, que deberíamos esperar recibir a través de la gracia de Dios ello elimina la alegría que Dios puede sentir al darnos espontáneamente sorpresas en la vida.

LOS ALTIBAJOS *de las* RELACIONES ENTRE LLAMAS GEMELAS

P: **¿Las llamas gemelas tienen relaciones románticas extraordinarias?**

R: No necesariamente. Aunque las llamas gemelas comparten una unión interior profunda, algunas veces la relación entre ellas es tan difícil como cualquier matrimonio o sociedad en la vida. Y a menos que cada persona esté dispuesta a renunciar y a poner de lado las cosas que suponen un reto en favor de un amor superior, las llamas gemelas pueden divorciarse con la misma facilidad que las demás personas.

Las relaciones entre llamas gemelas, como las demás, pueden ser influenciables y complicadas debido a expectativas poco razonables. Muchos de nosotros tenemos ideas poco realistas sobre el amor romántico debido a lo que hemos visto durante décadas en los medios de comunicación. Esas ideas nos llevan a esperar la perfección y que nuestro compañero o nuestra compañera satisfaga todas nuestras necesidades y deseos, a esperar que el matrimonio vaya a tener, sencillamente, una dicha que no es de este mundo. A esto se debe, en parte, el hecho de que podamos sentir desilusiones y frustraciones extremas en todo tipo de relaciones.

Esperamos que nuestro compañero o nuestra compañera sea para nosotros un padre y una madre y que lo sea todo, en vez de empezar la relación con una expectativa de dar una y otra vez y de verla como un sendero de retos y aprendizaje, un sendero en el que los puntos ásperos de cada cual se evidencian y tenemos la oportunidad de mejorar. En realidad, necesitamos estar dispuestos a esforzarnos con nosotros mismos y también a mantener una visión sobre nuestro compañero y ayudarle a que se supere.

Las llamas gemelas, especialmente, necesitan sentir compasión mutua. Porque lo profundo del dolor que siente el alma por haber estado separada durante tanto tiempo puede hacer que emerjan pasiones y emociones extremas. Lo importante en la relación es la resolución y el compartir amor, el ennoblecimiento de la vida, la elevación del reino de Dios y, finalmente, la unión más elevada de su amor.

P: **¿Y si las llamas gemelas están en niveles distintos del sendero espiritual?**

R: Si la otra persona está más avanzada que usted, quizá porque tenga un entendimiento espiritual más profundo, usted tiene una gran oportunidad. Puede procurar más luz y la relación puede ser exaltante.

Si usted es el que está más avanzado, puede que lleve una carga más grande de lo que se imagina. Aunque no conozca a su llama gemela, podría llevar la carga de alguien apesadumbrado; por ejemplo, si su llama gemela está metida en la cultura de las drogas, si vive en la pobreza o si está muy enferma.

Es decir, su llama gemela puede encontrarse en una situación difícil y, por tanto, usted puede sentirse afectado negativamente por lo que le está pasando. Quizá usted no sepa por qué su vida es difícil, pero podría ser que, en alguna parte del planeta, su llama gemela lo está pasando mal y usted, que siente amor por esa persona, la está ayudando a llevar el peso de lo que le está pasando.

Parte del viaje de regreso a Dios incluye estas inquietudes sobre las personas que nos interesan, ya sea una llama gemela u otra persona. Y eso hace que surja el enorme amor que podemos compartir. Por tanto, hay que bendecir la vida y cuidar de la vida de quienes conocemos, ya sea nuestro compañero o nuestra compañera, los niños pequeños o los ancianos. Y nunca se sabe cuándo estamos a punto de alcanzar el punto en el que amamos a Dios en la otra mitad, la llama gemela.

P: **¿Por qué siento rencor hacia mi llama gemela y qué debo hacer al respecto? Tras enterarme recientemente de las llamas gemelas, he comenzado a enviar amor hacia mi llama gemela y he observado que tenía sentimientos de escepticismo y rencor.**

R: Bueno, puesto que usted estaba enviándole amor a su llama gemela y sintió rencor al hacerlo, ello ilustra el hecho de que tenemos karma con nuestra llama gemela. Podemos sentir un enorme rencor en nuestro ser por algo que nos hizo nuestra llama gemela hace diez encarnaciones y podríamos haber estado compensando esa experiencia durante varias vidas.

Usted puede ver que lo que ha sentido podría ser el tipo de rencor que dice: «Ya te enseñaré. Te enseñaré que puedo vivir la vida sin ti. Puedo hacer lo que quiera y puedo divertirme sin ti». Dejamos que nuestro rencor por una experiencia humana en particular nos impida alcanzar la unión divina, mientras que si lo pudiéramos aceptar, seríamos capaces de curar las demás cosas que puedan haber ocurrido.

Ahora bien, ponga a un lado la relación entre llamas gemelas y piense en su vida y en amar a alguien: su padre o su madre, un niño, un amigo. Usted sabrá que el amor está ahí, pero podría tener un problema, sentir rencor o sentir algo que le moleste. Y el amor puede destruirse, porque no existió la voluntad de apartar ese sentimiento de falta de perdón, ese sentimiento de aferrarse al rencor: «Tú me hiciste eso; por eso no dejaré que este amor crezca y florezca».

Sugeriría que usted, simplemente, acepte que quizá algo ocurrió por lo cual siente ese rencor. Debe comenzar con derretir el corazón con perdón. Primero perdónese usted mismo, luego envíe perdón a su llama gemela. Usted ha sido injusto; su llama gemela ha sido injusta. Es una vía de doble sentido. Creo que usted ha llegado a un bloqueo fundamental en el sendero espiritual en esta vida, y si busca ese perdón, se verá libre de un gran peso.

PREPARACIÓN y PROTECCIÓN para la RELACIÓN ENTRE LLAMAS GEMELAS

P: **¿Cómo puedo evitar las relaciones que crean karma en mi esfuerzo por reunirme con mi llama gemela?**

R: Bien, si está buscando a su llama gemela, puede decidir que se concentrará en eso totalmente. Algunas veces, cuando una persona ocupa el espacio, la que está destinada a estar con usted no tiene sitio para entrar en su vida. A veces hay que crear un vacío si quiere que el vacío se llene. Las relaciones pueden crear un circuito cerrado.

Si tiene una relación mientras está buscando a su llama gemela, no está siendo honesto en esa relación. No está realmente dándole un amor puro a esa persona. Y la finalidad de las relaciones es la de dar amor a la persona y a Dios. Por eso debe o bien establecerse con una persona que le complemente y hacer de su vida un éxito o bien, si esta idea de la llama gemela es importante para usted, puede decidirse a esperar. Todo el mundo es diferente.

Por otro lado, enfocarse en la idea de la llama gemela puede interferir con lo que está ocurriendo aquí y ahora en su vida. La llama gemela está en el nivel más alto del cuerpo de fuego blanco de su Presencia Divina y es la otra mitad del ser espiritual que ustedes eran en el principio. Esa persona ya forma parte de usted. Espiritualmente, ustedes ya están unidos. Pero puede que jamás se encuentren en esta vida o que se encuentren mañana. Mientras tanto, usted tiene que decidir ser práctico en su vida.

TERCERAS PARTES

P: ¿Qué debería hacer si mi llama gemela ya está casada con otra persona?

R: Irse en dirección contraria. Si está pensando en un ejemplo en particular, debe entender que las atracciones abundan en la vida. Esta persona podría no ser su llama gemela. Siempre tenemos atracciones, dados los muchos tipos de circunstancias que experimentamos. Pero uno no basa las relaciones en simples atracciones. Uno las debe basar en las cosas más profundas de la vida.

Usted podría estar sintiendo algo con este hombre, incluso a nivel emocional, que no tiene el derecho de sentir porque le corresponde exclusivamente a quien tiene el rol de esposa. Si este es el caso, entonces, obviamente, usted es quien no tiene lugar en la escena.

Por tanto, debe retirarse de escena. Y si, independientemente y al margen de usted, en algún momento el esposo de esta situación ya no está con esa persona, la cosa cambia. Pero usted no debería nunca ser el motivo de que un matrimonio se acabe.

Si no puede mantener un contacto lícito con ese hombre, entonces cortar el contacto da la oportunidad a ese matrimonio de tener éxito. Y usted puede seguir adelante y formar otras relaciones. Siempre y cuando el lazo ilícito exista, estará desplazando lo fructífero que pueda ser y el honor que pueda tener la relación del matrimonio. Quienes hayan hecho el voto del matrimonio tienen un compromiso y una responsabilidad hacia su cónyuge y la de mantener la integridad de su matrimonio.

P: **¿Alguien que tenga una fuerte atracción magnética puede separar a las llamas gemelas?**

R: Existen muchos factores que pueden separarle de su llama gemela. La historia en *La Odisea* de Homero de la sirena sobre la roca y los marineros que se sienten atraídos irresistiblemente hacia la sirena está relacionada con el hecho de que, mediante el uso de la fuerza sexual como imán y mediante el proceso de la seducción física, las llamas gemelas han sido tentadas a apartarse una de la otra y de su misión o plan divino.

Esto es uno de los grandes karmas de todos los tiempos de las llamas gemelas, que debido al deseo exacerbado de tener más en la experiencia sexual de lo que es lícito en Dios, uno puede desechar la relación lícita y la relación divina. (Véase capítulo 7).

La protección de las llamas gemelas contra las atracciones y las tentaciones sexuales tal como las enseñan en la televisión, en las películas, en la publicidad y en Internet, es importante. La representación que hacen de los hombres y las mujeres en los medios de comunicación tiene algo que es muy irreal y que ha llevado a la gente a tener unas expectativas exageradas sobre el encuentro sexual. Por tanto, el sexo normal ni siquiera está de moda en muchos sitios del planeta actualmente, y eso es una trampa. Es una trampa muy desafortunada.

¿CÓMO PUEDE SER?

P: **¿Puede mi gemelo ser mi llama gemela? Y también, ¿son los gemelos a menudo llamas gemelas?**

R: No tiene por qué ser así. Los gemelos tienen un karma muy parecido que han de resolver. Estar en el vientre al mismo tiempo es una experiencia increíble, pero muchas veces se trata de un amor de hermanos o simplemente de almas que tienen un compromiso personal mutuo tan profundo, que no quieren estar separadas. Podrían ser almas compañeras en el sentido que hemos definido, como teniendo un proyecto que llevar a cabo juntos; o podrían ser llamas gemelas.

Tuve una curiosa experiencia en Washington, donde conocí a unos ancianos que eran gemelos. También eran llamas gemelas, pero la mujer estaba casada. Tenía una relación fraternal de lo más maravillosa y feliz con su hermano gemelo y también tenía una maravillosa relación con su esposo. En esta vida, estas llamas gemelas representaban los roles de hermano y hermana, y no eran conscientes de que eran llamas gemelas. Sus auras dejaban muy claro que eran llamas gemelas.

Muchos gemelos tienen un sentimiento de gran cercanía, pero no todos son llamas gemelas. Debido a algún destino kármico del pasado, tienen que ser gemelos, para compartir el vientre y para tener muchos rasgos parecidos, según su herencia. Obviamente, no están destinados a casarse entre ellos.

P: **¿Mi madre puede ser mi llama gemela?**

R: En la historia ha habido llamas gemelas que han sido madre e hijo u otra clase de relación. Sin embargo, es importante que tengamos cuidado con no pensar en eso, tanto si es cierto como si no.

No importa si su madre es su llama gemela o no. Importa que usted madure hasta el punto en que sea capaz de proporcionar una identidad fuerte y una plenitud a la persona que Dios ha ordenado para usted en matrimonio, si el matrimonio es lo que debe ser para usted en esta vida. Albergar esa fantasía podría suponer una huida de su responsabilidad de ir y afrontar la situación, a veces aterradora, de rechazo o incluso aceptación por parte de un miembro del sexo opuesto.

Algunas veces, debido a la fantasía, nos vemos en una situación de compromiso espiritual. Aunque no sea una situación física, podemos llegar a sobrepasar la barrera espiritualmente.

Por ejemplo, no sería lícito que yo pensara en el concepto de que mi padre o mi hijo sean mi llama gemela. Y si lo fueran, el asunto debería ser sellado porque existen fronteras sobre las clases de relaciones que tenemos permitido. Aunque alguien pueda ser nuestra llama gemela, podría no ser lícito que tuviéramos con esa persona una relación de llama gemela en el plano físico.

La familia es una matriz divina en la que cada persona tiene una función única en relación a las demás personas de la unidad familiar. A través de esas funciones se produce un flujo natural de amor, una seguridad, una fortaleza y una protección. Esas funciones tendrían prioridad sobre la relación de llamas gemelas entre miembros de la familia, excepto los padres, claro está.

El juego de roles puede llegar a ser más importante que el tema de las llamas gemelas. Y si el rol que le corresponde a usted es ser hijo y el de su madre es ser madre, entonces las dos partes juegan esos roles. Ese es el rol que usted debe jugar y no debe añadir otras connotaciones, ni siquiera mentalmente. El hijo es el hijo. El padre es el padre. La hija es la hija. Y estas relaciones y estos cargos son sagrados. Por eso uno ha de madurar hasta el punto en que sea capaz de dar amor y recibir amor de la forma adecuada.

LA POLARIDAD DIVINA

P: **¿Qué es lo que determina el sexo o género con el que se nace?**

R: Su karma determina qué sexo tiene su cuerpo. Su alma nunca cambia. Su alma es su alma y su Yo Superior es su Yo Superior. Por eso usted es mucho más que su género físico. Pero su karma, las lecciones que necesita aprender y las relaciones que necesita tener, determina el cuerpo que tiene. Tenemos vidas masculinas y femeninas porque una de nuestras pruebas consiste en desarrollar las cualidades tanto masculinas como femeninas. La meta final para la plenitud de su alma y la reunión con la llama gemela necesita del equilibrio y la maestría de ambas facetas de su energía. Y así, su sexo no es un accidente biológico.

Por tanto, usted nace con el sexo que le dará las oportunidades de recibir las lecciones que necesita aprender. Si es mujer, entonces sus atributos femeninos están destinados a cobrar prominencia en esa vida y si es hombre, los atributos masculinos cobrarán prominencia. Una mujer puede expresar su energía femenina cuidando de la vida y utilizando su intuición, belleza y sensibilidad. Puede aumentar su energía masculina mediante el liderazgo, la astucia mental y la profesionalidad. Un hombre puede expresar su energía masculina a través de logros, un liderazgo inteligente y siendo franco. Puede utilizar su energía femenina cuando expresa sensibilidad, amabilidad y un interés sutil por quienes tienen necesidad.

Aunque seamos mujeres, podemos aprender cosas acerca de las cualidades del arquetipo femenino divino en nuestro compañero o en nuestros hijos, padres o hermanos, y así sucesivamente. Podemos aprender cosas increíbles sobre el aspecto de Dios como Madre. Y ellos pueden aprender cosas sobre el aspecto de Dios como Padre a través de nosotras.

Mientras continuamos encarnados físicamente, nuestros respectivos roles, complementándose mutuamente, también son como el movimiento del taichí, donde, cada día y cada hora, se producen movimientos cuando una mitad de la relación expresa las cualidades femeninas para equilibrar a la otra y otra expresa las masculinas, y se produce un intercambio.

El taichí como representación de la polaridad masculina-femenina de la totalidad.

Les diré un secreto más sobre esto. Cuando se alcanza el nivel del cielo y estamos en el taichí del cuerpo de fuego blanco, es como la danza de las estrellas. En el divino intercambio de las energías, momento tras momento cósmico, cada mitad del todo es en un momento dado masculina y en otro momento femenina. Es como el movimiento del vals, en el que primero una persona da el paso largo y luego lo da la otra. Así, dos mitades de un todo mantienen una danza continua en polaridad divina

SEGUNDA PARTE

EL KARMA
y
LAS RELACIONES

Todas las experiencias en la tierra
nos han de enseñar el significado del amor.

CAPÍTULO 4

RELACIONES KÁRMICAS

Cuando tenemos un karma difícil en una relación, podemos sentir como un peso sobre el corazón y una falta de resolución a nivel del alma. Es un estado martirizador que preocupa a nuestra conciencia hasta que se resuelve. A veces la relación parece espinosa; podemos desenmarañar un aspecto para encontrar otro. Simples experiencias o intercambios parecen complicados o estar cargados de una energía crispada.

A nivel consciente o inconsciente, podemos tener el recuerdo de haber sido heridos, rechazados o traicionados. O podemos haber hecho esas cosas a otra persona. A veces, cuanto más grave es el karma, más intensa es la experiencia cuando conocemos a alguien por primera vez. El impacto puede ser asombroso de veras, y puede ocurrir en cualquier momento de nuestra vida.

Será asombroso porque, a nivel subconsciente, estaremos exultantes por haber encontrado a la persona con la que podremos saldar un cierto registro de karma. Nuestra alma sabe que si no pasamos por ese karma, no podemos seguir adelante hacia el siguiente nivel de la espiral de la vida y, después, hacia el servicio al mundo y los proyectos creativos que queremos hacer con la persona a quien más amamos, incluso si aún no la hemos conocido.

Así es que corremos a saludar a la persona con la que tenemos karma. Amamos mucho porque mucho ha de ser perdonado. Podemos traducir nuestro sentido de la obligación en una necesidad de dar de nosotros mismos y de recibir, en el deseo de amar y de ser amados. Porque la llama de amor es el fuego omniconsumidor de Dios que disuelve los registros de lo que no es amor, o de lo antiamor, en nuestro dar y tomar en una relación.

Nuestra alma sabe estas cosas, que forman parte de la razón por la que hemos venido a esta vida. Tenemos un conocimiento interior. El alma que está en el sendero de regreso al hogar, volviendo al Dios Padre-Madre, desea corregir los errores del pasado. Ella sabe que esa es la única forma de regresar al lugar celestial en el que comenzó.

EL AMOR RESUELVE EL KARMA

Cuando me encuentro con alguien con quien tengo intercambios difíciles y negativos debido a un karma intenso, he descubierto que Dios a menudo me da el don del amor intenso. La capacidad de amar y de emitir amor parece tener lugar sin que yo lo quiera conscientemente. Me siento como una prisionera de este amor. Mi mente racional me podrá decir que no debería amar a tal persona, pero mi corazón sigue amando.

He estudiado este fenómeno en mí misma, porque las lecciones de la vida las aprendemos en el laboratorio de nuestro propio ser. Sin que yo lo quisiera, mi corazón ardía con amor hacia ciertas personas. Yo no creaba este amor. Yo no empezaba el fuego. Dios lo ponía en mi corazón.

Si miro atrás, a lo largo de los años de mi vida, puedo ver

cuándo Dios puso esta clase de amor en mi corazón hacia alguien. Solo ver a esa persona creaba dentro de mí un corazón lleno de amor. Yo nunca di comienzo al sentimiento. El amor, sencillamente, estaba ahí y yo lo observaba, y entonces era prisionera suya. En casos así, nuestro karma, al buscar resolverse, nos junta y Dios envía un inmenso amor y perdón para ayudarnos a resolver ese karma.

Es como si empapáramos a la otra persona en amor. Cuando el amor que ha fluido es suficiente para saldar el karma, de repente el grifo se cierra y ya no tenemos ese sentimiento de amor tan fuerte e irresistible. Es algo casi increíble comparado con la forma en que nos sentíamos antes. Lo he constatado en mi propia vida. Derramé el amor, el karma se saldó y la intensidad de ese amor bajó. Cumplió su propósito.

RETOS DIARIOS

Las interacciones difíciles pueden formar parte de cualquier relación, porque cualquier relación puede tener un karma difícil. Y esto incluye los tres tipos de relaciones entre parejas: llamas gemelas, almas compañeras y la relación kármica. Además, el grado de karma positivo o negativo puede variar, lo cual puede dar como resultado desde un intercambio menor, a corto plazo, hasta una relación de largo plazo.

En su vida ustedes se pueden encontrar con gente a la que creen haber conocido anteriormente y pueden sentir algo positivo hacia esas personas. Puede que tengan la sensación de que tienen trabajo pendiente con ellas, ya sean a través de un negocio, una asociación creativa u otro servicio. Esto indica que existe un karma positivo.

Por otro lado, puede que tengan otros encuentros en los cuales sientan una atracción o un reconocimiento inmediato, pero que también hagan que se sientan inexplicablemente incómodos. Es importante prestar atención a este sentido intuitivo de su alma así como a otros sentimientos que tengan. Simplemente por el hecho de haber conocido a alguien o de incluso haber estado casados con esa persona en otra vida, no significa que tengan que relacionarse con ella. Puede ser indicativo de que hay karma o de profundos lazos emocionales, pero la relación podría terminar en que los antiguos patrones kármicos se vuelven a crear en vez de ser trascendidos. Esta clase de enredo puede ser difícil y puede impactar en ustedes negativamente. Quizá solo les queden unos meses de karma con esa persona. Pueden prestarle a esa persona cualquier servicio al que se sientan inclinados, pero no tienen por qué enmarañarse en una relación que va en detrimento de su crecimiento espiritual.

Por tanto, no deben saltarse ninguna oportunidad que tengan de dar un regalo desde el corazón para resolver el pasado cuando es eso lo que sienten que tienen que hacer. Al mismo tiempo, no deben quedarse demasiado anclados en una situación que les haga crear más karma.

Al ir pasando por estas relaciones, también se darán cuenta de que llegará un punto en el que el karma estará saldado y la relación se habrá terminado. Descubrirán que la vida da otro giro y las circunstancias cambian. Sea cual sea la manera en que se produzca el cambio, cuando el karma con alguien ha sido saldado, uno siente cierto grado de resolución y paz interior y deja de sentir el tipo de energía que le ataba.

Para confirmar si realmente han resuelto ese karma, observen sus reacciones durante un período de tiempo cuando estén con esa persona. ¿Son capaces de permanecer centrados, enviando amor y perdón en medio de las dificultades? ¿O aún tienen fuertes reacciones, posiblemente rencor o ira, lo cual puede indicar que hay áreas que no han sido resueltas? Desde dentro de su corazón, pueden sintonizarse con Dios para conseguir una respuesta a través de la oración intensa, la meditación y la reflexión.

EL KARMA *en los* MATRIMONIOS

Así es que, aparte de las llamas gemelas y las almas compañeras, la gente puede tener una tercera clase de matrimonio: el matrimonio kármico. Se trata de un matrimonio en el cual dos personas son unidas principalmente para saldar un karma mutuo. En cierto sentido, el lazo kármico puede que sea el más estrecho de todos. Porque no es libre, sino que ata. Puesto que el karma no está saldado, la pareja puede sentir una falta de armonía. A veces puede sentir un vacío, una soledad, algo que revela la deficiencia de la relación, especialmente aquella que está basada únicamente en el karma. Los matrimonios con mucho karma pueden resultar difíciles, pero el esfuerzo por superar las dificultades puede ser una parte importante de nuestro proceso para alcanzar la plenitud. Algunas veces estos matrimonios pueden proporcionar la oportunidad de saldar un karma grave, como el descuido, la violencia o un odio extremo. Con mucha frecuencia, la única forma de superar el registro de un karma tal es mediante el amor devoto expresado a través de la relación entre esposos.

Del lado más alegre de este tema, los esposos también pueden generar el buen karma de patrocinar y cuidar de sus hijos o de servir juntos de alguna forma. Y al saldar el karma, una pareja puede experimentar un amor cada vez más profundo.

De joven me vi envuelta en una relación en la que, al final, descubrí que tenía un karma importante de una vida pasada. Cuando vivía en Boston conocí a un joven unos cinco años mayor que yo. Era estudiante de leyes y líder de la sociedad de jóvenes de nuestra iglesia. La primera vez que lo vi, a una calle de distancia, lo reconocí; él también me reconoció. Lo conocía, pero no con el fuerte impacto del amor a primera vista. Lo seguí viendo y me seguí diciendo: «Conozco a esta persona. Conozco a esta persona».

Poco a poco, nos hicimos amigos íntimos y, con el tiempo, me pidió que me casara con él. Por alguna razón imperiosa que no podía explicar, dije que sí. Tenía la sensación y la directriz interior que así debía hacerlo. Pero menos de un año después, sentí una confirmación innegable sobre mi sendero en la vida, y se volvió claro para ambos que nuestras vidas nos llevaban en distintas direcciones. Así es que marchamos por caminos separados.

Terminar con este matrimonio me partió el corazón. Había tenido fe en la relación y éramos buenos amigos y compatibles. Por eso seguía sin entender con mi mente exterior por qué me había casado con esa persona, para que durara solo diez meses. Pero mi alma lo sabía.

Tengo en mi ser una impresión indeleble del recuerdo de una vida anterior con él en la cual incurrí en un karma grave. Fue uno de los períodos más oscuros de mi existencia. Sentía una carga tal por el remordimiento a causa de esa situación que había decidido servir a esa persona hasta que la deuda se pudiera satisfacer.

Durante nuestro matrimonio en esta vida, vi el punto en el que el karma cerraba su círculo, justo hasta el punto en el que comenzó. Tuve la oportunidad de repetir el acto inicial que creó el karma; o superarlo. Tomé una decisión. Me detuve al instante y me negué a involucrarme en ese impulso kármico. Me retiré y quedé libre.

Por tanto, algunas veces, cuando el karma se resuelve, las relaciones se pueden disolver. Sin embargo, tales situaciones no son sencillas y las mejores soluciones no siempre son evidentes. Cada situación es única y, mientras que mi situación tuvo este final, puede ser de vital importancia que la pareja permanezca unida y trabaje para resolver su karma. Cuando hay hijos presentes, cobra una importancia mayor el considerar las ramificaciones de la separación. Después de que cierto karma queda saldado, la pareja y la familia pueden sentir una mayor armonía y un amor más profundo. Lo he visto en muchas relaciones. Una pareja fue unida por razones kármicas, resolvieron su karma y luego la relación evolucionó hacia algo más grande de lo que habían imaginado.

En los matrimonios kármicos, la ley de Dios requiere que

trabajemos para resolver el karma que tenemos con nuestra pareja. No se pueden abandonar las relaciones. Hay que decidir que, sea cual sea el problema, lo resolveremos demostrando armonía, dando amor y trabajando con nuestra pareja kármica.

Cuando hayamos dominado nuestras dificultades con esta persona y también hayamos servido hasta el grado en que el karma esté saldado, Dios puede cambiar nuestras circunstancias. Es importante darse cuenta de esto y no marcharse con demasiada presteza de aquellas personas con quienes nuestro karma no está saldado. Cuando esto no se hace en el presente, puede que tengamos que volver a encontrarnos con esa persona o que tengamos que realizar algún trabajo espiritual determinado para resolver ese karma.

A KARMA POSITIVO, NAVEGACIÓN TRANQUILA

Algunas veces hay relaciones o matrimonios en los que, en su mayor parte, tenemos buen karma y tales relaciones nos pueden ofrecer más oportunidades positivas. Por ejemplo, debido al trabajo constructivo por la humanidad que hayamos realizado con alguien en el pasado, se nos podría asignar una responsabilidad aún mayor con esa persona en esta vida. Y debido a nuestro buen karma, seremos felices y fructíferos, y lograremos muchas más cosas. Las personas así nos atraen alegremente porque finalmente tenemos la oportunidad de servir con ellas de nuevo.

El karma positivo es como el viento favorable que nos empuja hacia adelante sin esfuerzo al soplar en nuestras velas. Mientras que nuestro karma negativo acumulado puede mantenernos atados al nivel en el que incurrimos en ese karma, nuestro karma positivo acumulado es como un imán que nos eleva hacia la conciencia superior.

Mientras que nuestro karma negativo representa nuestras deudas con los demás, nuestro karma positivo es como tener dinero en nuestra cuenta bancaria cósmica. Es una reserva que podemos hacer crecer. Podemos utilizar nuestro buen karma —nuestros puntos fuertes e impulsos acumulados positivos— como ayuda para superar nuestros puntos negativos y avanzar más allá.

El karma positivo se puede manifestar como cualquier cosa, desde un círculo familiar y de amigos que nos apoya hasta el ingenio y el talento que podamos tener. Nuestros dones y aptitudes son las semillas de nuestro buen karma que dan su fruto. La mujer que contó la siguiente historia tenía, claramente, karma positivo con su esposo.

Mi esposo y yo llevamos casados más de quince años. Nos complementamos bien en el sentido de que vemos la vida y el mundo de forma muy parecida, lo cual facilita la toma de decisiones importantes y la dedicación conjunta a metas comunes. Hemos trabajado juntos en asuntos del medio ambiente desde antes de casarnos y sentimos que tenemos una misión y un deber que subyace a nuestra razón de estar unidos. Tenemos un sentimiento intenso: «Debemos realizar ese trabajo y lo debemos realizar juntos». Todo ha surgido de forma natural y nuestra vida está construida alrededor de eso. Parece que el universo, sencillamente, ha hecho que suceda, por lo que ni siquiera nos preguntamos si eso es lo que debemos hacer. Tenemos un matrimonio feliz y satisfactorio, pero nuestra satisfacción la encontramos principalmente en nuestro trabajo mutuo y los logros que conseguimos juntos.

APRENDER *de las* RELACIONES

Habitualmente conocemos gente y tenemos relaciones con esas personas porque nuestro Yo Superior quiere transmitirnos una enseñanza, que puede ser una revelación sobre nuestra personalidad. Por ejemplo, la mayor debilidad de otra persona puede reflejar la mayor de nuestras debilidades, y puede que nos sintamos atraídos hacia esa persona para poder reconocer y curar esa vulnerabilidad en nosotros mismos. O nos podemos sentir atraídos hacia personas que han desarrollado partes de sí mismas que a nosotros nos faltan, aquellas que son opuestas a nosotros. Por tanto, nos podemos sentir más completos cuando estamos con personas así. Esto es común, pero no es la verdadera plenitud. Cuanto más equilibrados y plenos seamos, más atraeremos a alguien equilibrado y pleno. Si discernimos lo que en realidad vemos en la otra persona y la enseñanza que con ello debemos recibir, nos beneficiaremos por haber visto el reflejo de una parte de nosotros mismos.

Algunas veces podemos aceptar una relación inferior al amor ideal y puede que nos preguntemos por qué. Quizá sea porque nos infravaloremos. Nos podríamos sentir indignos de un amor superior o incluso de nuestra llama gemela, que es la persona más maravillosa que nos podamos imaginar. Al infravalorarnos, infravaloramos la imagen de la clase de persona que podría ser nuestro compañero o nuestra compañera. A veces incluso nos mezclamos con gente que nos castiga con el fin de castigarnos a nosotros mismos. Podemos ver, pues, que este tipo de relaciones reflejan nuestros aspectos psicológicos.

Por ejemplo, podemos tener una relación en la que nos sentimos confinados y limitados, como si una parte de nuestra alma simplemente no pudiera volar y no pudiéramos ser libres. Si nos sentimos así, como si estuviéramos de alguna manera confinados por esta relación, en realidad podríamos estar confinados por nuestros aspectos psicológicos y nuestro karma. Podríamos hasta fracasar de alguna forma en una relación, ya sea consciente o inconscientemente, solo para demostrar que somos indignos. Hemos de tener compasión por nosotros mismos, comprendiendo que tenemos nuestras vulnerabilidades psicológicas, que, probablemente, también incluyen las heridas y el karma negativo de vidas anteriores.

LA INTERACCIÓN ENTRE *el* KARMA *y el* ÁMBITO PSICOLÓGICO

Al ir viviendo nuestras relaciones, podemos darnos cuenta de que tenemos muchos puntos fuertes internos, que incluyen un ámbito psicológico sano y un buen karma. También tenemos puntos débiles, o vulnerabilidades, que son indicación de un ámbito psicológico que necesita curarse. Todo esto está intrincadamente entrelazado con nuestro karma. En algún punto de una vida anterior incurrimos en karma, lo cual creó ciertas situaciones con personas a las que debíamos dar respuesta. Así, desarrollamos formas de reaccionar, que repetimos, y así se convirtieron en patrones.

Por ejemplo, quizá en un momento de distracción nos enojamos e hicimos daño a alguien. Consecuentemente, nos encontramos en una situación inevitable con alguien que repetidamente se enoja con nosotros, por lo que nos defendemos volviéndonos pasivos y complacientes. Esto funcionó hasta cierto punto cuando empezamos, por eso continuamos haciéndolo, especialmente en las relaciones íntimas. De este modo, nuestro ámbito psicológico se desarrolló a partir de estas circunstancias kármicas. Por eso nuestro ámbito psicológico no es solamente el resultado de experiencias interpersonales desde que nacimos, sino también el resultado de situaciones kármicas con ciertas personas de otras vidas.

El trabajo para mejorar nuestros aspectos psicológicos nos ayuda a comprendernos a nosotros mismos y nuestras relaciones. Nos abre los ojos. Podemos empezar a responder·con más introspección y menos reacción. La combinación de esto con el trabajo espiritual, especialmente con la llama violeta, puede hacer que demos grandes pasos en nuestra curación psicológica. (Véase capítulo 5).

MUROS *alrededor del* CORAZÓN

En las interacciones difíciles con la gente, es posible que nos aislemos. Quizá nos hicieran mucho daño en esta vida o en una vida anterior y no queramos abrir el corazón y ser rechazados de nuevo. Quizá estemos enojados con otras personas o incluso con Dios por la pérdida de un ser querido. O quizá nos sintamos culpables por nuestros propios defectos y nos hayamos convencido de que no merecemos ser amados. A consecuencia de eso, erigimos capas defensivas que ni siquiera sabemos que tenemos, porque se alojan en nuestra mente inconsciente o subconsciente.

Nos podemos retirar a un castillo del corazón y poner capas de muros protectores a su alrededor para que nadie se pueda acercar demasiado a nosotros y nosotros no podamos acercarnos demasiado a nadie. Podemos volvernos más cautos, escondiéndonos en la zona cómoda que proporcionan estos muros cuando surgen los desafíos. Estas defensas nos mantienen aislados de aquello que precisamente queremos: una relación en la cual podamos sentir un amor recíproco. Esas defensas también nos aíslan de las lecciones que necesitamos aprender. Entonces, ¿cómo nos curamos?

Aunque no necesitamos conocer los detalles de nuestras vidas anteriores para poder trabajar y solventar nuestro karma, nos sirve de ayuda observarnos a nosotros mismos y ver cómo reaccionamos. Sea lo que sea que tengamos delante de nosotros, está ahí por un motivo; no hay accidentes ni coincidencias en la vida. Cada encuentro es un momento en que el universo conspira para despertarnos y devolvernos al camino superior de un amor más grande con una mayor resolución kármica.

Así, en el sendero que tiene como fin saldar el karma, en algún momento, en algún lugar, nos encontraremos siendo receptores de aquello que enviamos. La pregunta es, ¿cómo responderemos? ¿Lo haremos con aprecio o con crítica, con calma o con ira, con generosidad o con egoísmo? ¿Seremos capaces de amar de verdad? Porque esa es una de las grandes lecciones, que sea lo que sea que afrontemos, el amor genuino de nuestro corazón dará consuelo, curación y resolución.

Como Mark Prophet dijo una vez: «Todas las experiencias en la tierra nos han de enseñar el significado del amor. Todas las relaciones en la tierra nos han de enseñar el significado del amor. Todo lo que tiene lugar para la enseñanza del alma ha de enseñarnos el significado del amor».

EL DRAMA INTERNO *de las* RELACIONES

La mayoría de nosotros ha tenido relaciones en las que hemos tenido reacciones emocionales fuertes e inesperadas, y estas respuestas salen inevitablemente en nuestras relaciones más íntimas. Nos podemos observar y ver que tenemos un humor que apenas podemos creer nos pertenezca. Podemos notar que nos hemos vuelto enormemente celosos. Nos podemos sentir irritados con alguien.

Mientras que tales reacciones pueden tener su origen en situaciones de nuestra vida actual, también pueden señalar la posibilidad de que exista un asunto sin resolver de una vida pasada. Cada vez que vislumbremos uno de esos patrones, podremos observarlo y reconocerlo. De este modo, no lo reprimiremos ni lo empujaremos hacia el subconsciente. Al contrario, lo habremos identificado y podremos realizar un esfuerzo consciente para entenderlo y transformarlo, como hizo la mujer de la siguiente historia.

A lo largo de mi matrimonio, he tenido experiencias que solo puedo describir como «una bolsa kármica», una pista sobre un karma de una vida anterior. Una situación cotidiana aparentemente hace que mi mundo interior dé saltos mortales, con unas emociones volátiles prontas a reaccionar. Por ejemplo, hace algunos años tuvimos una enfermedad leve en la familia, que acabó algo cansada.

Durante uno de esos momentos afanados en familia, cuando estaba cocinando la cena, una pequeña petición de mi esposo produjo en mí un gran rencor. Debido a la inesperada intensidad, sentí que era una bolsa kármica y me mantuve en silencio para calmarme. Poco después, cuando me sentí más sosegada, me di cuenta de que dado que todos habíamos estado enfermos, teníamos las reservas emocionales bajas. Percibí que mi inesperado rencor provenía de una vida anterior. Tuve un vago recuerdo de un tiempo en el que también era vulnerable, hasta el punto de sentirme aterrorizada y enojada porque me dejaron sola para que me defendiera por mí misma.

Las bolsas kármicas a veces tardan más en solventarse, incluso semanas, tras una inesperada discusión o irrupción de las emociones. Mi esposo y yo hemos descubierto que momentos así requieren que hablemos honestamente y realicemos un trabajo interior. Y también nos concentramos en divertirnos juntos para nutrir nuestro amor, como salir juntos, hacer juegos o caminar por las montañas.

Además de provenir de vidas anteriores, a menudo estas respuestas tan fuertes están basadas en acontecimientos pasados de nuestra vida actual. Nos criamos absortos en experiencias infantiles con padres y otras personas que eran importantes para nosotros. Tales experiencias se convierten en parte de nuestra constitución interior y contribuyen a formar un mundo interior que juega un papel clave en el drama de nuestras relaciones.

Como expliqué anteriormente, el alma es influenciable. Es tolerante y abierta por naturaleza, absorbiendo de quienes la rodean sin hacer juicios positivos ni negativos sobre lo que está bien o mal. En este estado inocente y vulnerable, busca figuras de autoridad en su vida, que normalmente comienzan con su padre y su madre como representantes del Dios Padre-Madre, y asimila lo que ellos le envían.

Aquello que el alma absorba ser convertirá en parte de su mundo interior, parte de su ámbito psicológico. Podemos considerar al alma como un niño que vive dentro de nosotros, nuestro «niño o niña interior». Puesto que hemos tenido muchas experiencias positivas y negativas, llevamos dentro de nosotros a un niño interior amado y sano así como a un niño interior no amado y herido. Si cuando nos criamos fuimos queridos y apreciados, se formó un niño interior que se siente amado, un niño interior sano. Esta es nuestra parte entusiasta, creativa, intuitiva, infantil, inocente y confiada. Si fuimos descuidados, maltratados o no os hicieron caso, se formó un niño interior que se siente poco amado, un niño interior herido. El niño interior herido interioriza estas experiencias negativas y posee un frágil sentimiento de autoestima.

Para protegernos y no sentir más dolor, desarrollamos ciertas costumbres en el pensar, sentir y actuar que normalmente son más perjudiciales que otra cosa. Entonces, cuando nos involucramos en alguna relación, reaccionamos a partir de esas costumbres. Y prácticamente todos nosotros lo hacemos hasta cierto punto. Así es cómo afecta a nuestras relaciones nuestro mundo interior.

Por ejemplo, para evitar conflictos, puede que complazcamos las malas costumbres de la otra persona o que no establezcamos los límites necesarios. Para evitar que la gente se nos acerque demasiado, puede que la dominemos o la critiquemos. Para asegurarnos que gustamos a la gente, podemos poner a alguien en un pedestal y deferir a esa persona en demasía. Por tanto, el dolor interior puede aparecer de formas distintas.

Así, el alma intenta ayudarse y protegerse a sí misma, pero esto, habitualmente, no da el mejor resultado. Cuando nos comprendemos y entendemos por qué y cómo hicimos esas cosas, podemos curarnos del dolor interior y relacionarnos de otra manera, como entendió la joven de la siguiente historia.

A los veintitantos años empecé a ver a un hombre mayor, que creía que era el amor de mi vida. Tocábamos instrumentos musicales juntos, compartiendo experiencias emocionantes y más bien dramáticas. Pasé por alto sus coqueteos y el consumo de drogas, y me convencí de que todo estaba bien con el fin de mantener lo que denominan una relación tranquila. Pero con esas componendas, me alejaba más y más de mi verdadero yo.

Me di cuenta de que cuando estaba sola, me sentía algo deprimida. Aunque no era consciente de ello entonces, ahora sé que me estaba enredando en un karma en vez de ser energizada por mi ser interior. El respeto hacia mí misma estaba siendo mermado poco a poco. Entonces, un día ocurrió lo inevitable. Él rompió conmigo y me quedé devastada.

Después de mucha reflexión, me di cuenta de que había atraído esa relación debido a una falta de autoestima. En la universidad, me sentía confundida y me faltaba confianza en mí misma. También era vulnerable a causa de una fuerte atracción hacia ese hombre y un karma evidente que tenía con él. Y así, lo convertí en alguien totalmente «perfecto» para no tener que afrontar mi dolor interior. Y mientras tanto, entregué una gran parte de mi verdadero yo.

Esta experiencia me hizo despertar en gran manera. Me empujó a realizar una profunda búsqueda espiritual para curarme, porque no quería repetir esa clase de relación.

CURAR *el* ALMA

Una parte esencial para hallar la plenitud en nuestras relaciones es la de curar nuestro niño interior. Es fácil reaccionar ante los demás según las costumbres que hayamos desarrollado, incluso cuando nos encontramos con aquellas personas con las que queremos tener una buena relación. Nuestra energía tiende a fluir de forma automática hacia esos antiguos hábitos. Pero cuando comenzamos a curar al niño interior herido, ese misma energía es liberada y entonces puede fluir como queremos, hacia interacciones y relaciones llenas de apoyo y amor.

¿Cómo podemos hacer esto? Nuestro niño interior necesita un ayudante, y nosotros tenemos uno. Es el adulto amoroso interior, que está formado según nuestro Yo Superior. El adulto amoroso interior contiene los mensajes que hemos asimilado de nuestros padres y otras personas. Esta parte de nosotros es la madre y el padre que son sabios y amorosos hacia nuestro niño interior. Sin embargo, también tenemos un adulto interior que no es amoroso, el cual puede, por ejemplo, criticarnos o consentirnos. Y la mayoría de nosotros tiene elementos de ambos.[1]

Aprendemos la manera en que hemos de tratarnos a nosotros mismos y a los demás por la forma en que nuestros padres nos trataron a nosotros. Si nuestros padres nos trataron con amor, nosotros tenderemos a tratar a nuestro niño interior y a los demás de una forma amorosa y respetuosa. Pero si tuvimos padres que no nos hicieron caso, por ejemplo, puede que ignoremos las necesidades de nuestro niño interior y que nos falte la sensibilidad para con las necesidades de los demás.

Cuando establecemos relaciones, no es poco habitual que nos atraigan aquellas personas que se parecen a nuestros padres. Inconscientemente, estaremos creando de nuevo nuestra relación con nuestros padres para intentar curarla. Con frecuencia hay áreas que no hemos resuelto con ellos. Porque cuando nacemos, el primer karma que encontramos es el que tenemos con nuestros padres, que puede ser el karma más difícil para nosotros o un karma muy positivo.

Por eso, algunas veces las reacciones que tenemos en nuestras relaciones como adultos están relacionadas más con los sentimientos procedentes de las experiencias con nuestros padres que con los sentimientos procedentes de la relación con la persona con quien estamos. Esto es lo que le ocurrió a una pareja durante un momento de tensión en su vida familiar cotidiana.

Mi esposo y yo tuvimos una discusión hace poco sobre lo que nuestros hijos tienen permitido ver en la televisión. Cuando salió una escena perturbadora en la pantalla, le tapé los ojos a nuestro hijo más pequeño y grité: «¡Apaga el televisor!». Mi voz normalmente es suave, pero estaba tan alarmada y enojada que la voz me salió alta y agresiva. Eso provocó una reacción fuerte en mi esposo. En vez de estar de acuerdo conmigo y apagar el televisor, se molestó porque le grité, lo cual me enojó aún más.

Más tarde me explicó que esa reacción instintiva fue por el dolor que aún sentía por haber recibido gritos cuando era pequeño. Cuando me di cuenta de eso, comprendí por qué reaccionó de esa forma tan poco característica, cuando normalmente tiene una perspectiva razonable. Le expliqué que yo puedo enojarme mucho cuando siento que no me escuchan ni me entienden, lo cual viene de mi niñez. Cuando los dos entendimos el origen de nuestra reacción, vimos que tenía más que ver con las experiencias de nuestra niñez con nuestros padres que con nosotros. Logramos una mayor compasión mutua y, al final, el incidente nos hizo sentir más cerca.

Poco a poco, a medida que nos esforzamos por perdonarnos a nosotros mismos, perdonar a los demás, buscar la resolución y trabajar con nuestras emociones, partes de nuestro niño interior y nuestro adulto interior se van acercando más a nuestro Yo Superior. A través del amoroso corazón de nuestro Yo Superior, nuestro niño interior se va curando paso a paso. Debemos prestar atención a este niño, escucharlo, y lo hemos de amar con comprensión, consuelo y paciencia a medida que él se va curando en el sendero hacia la plenitud. Como ayuda para nuestra curación, podemos pedirle a nuestro Yo Superior que nos indique cualquier otra cosa que necesitemos, como un libro, una terapia o alguna otra forma de apoyo en particular.[2]

En nuestro esfuerzo por ayudar a que nuestro niño interior cree un lazo con nuestro adulto amoroso interior, construiremos la base para la unión última y total de nuestra alma con nuestro Yo Superior. Y el gran don y la gran bendición es esto: cualquier parte de nuestro niño interior y adulto interior que se haya vuelto plena porque ha sido amada, ya está unida a nuestro Yo Superior.

Con decisión y un deseo de cambiar, podemos empezar a separar los componentes del problema en el que estemos trabajando. Podemos nombrar la experiencia. Podemos escribirla en papel y, al hacerlo, podemos obtener una perspectiva más amplia. Podemos rezar a Dios para que nos ayude a renunciar a las experiencias dolorosas con los padres y con otras personas, y a transformarlas. De este modo, podemos crearnos de nuevo a nosotros mismos día a día. Al mismo tiempo, nuestro Yo Superior puede permanecer en guardia para ayudar a que nuestra alma se cure y encuentre la resolución. Y a lo largo del camino, Dios nos ve de forma inmaculada, en nuestra plenitud divina. No importa el problema en el que estemos trabajando, siempre podemos afirmar la verdad: «YO SOY amado por mi Dios Padre-Madre».

¡YO SOY LUZ!

En la vida cotidiana, cuando su alma tenga la necesidad de recordar su identidad divina, pueden hacer el decreto: «¡YO SOY Luz!». Al hacerlo, mediten en la unión de su alma con su Yo Superior, su Presencia Divina y su llama gemela. Imagínense que son luz. Vean cómo la radiación de fuego blanco los llena y los rodea, a ustedes y a sus seres queridos. Cuando surjan varios pensamientos y sentimientos, pueden enviarlos a esta luz. Si les resulta difícil visualizar, como le pasa a algunas personas, encuentren una fotografía de una hermosa catarata y pónganela delante mientras hacen este decreto. Vean cómo una gran catarata de luz se lleva consigo cualquier dificultad psicológica y cualquier dificultad que tenga en sus relaciones.

Pueden hacer este mantra tres veces, nueve veces o tantas veces como quieran. Observen cómo sus circunstancias cambiarán y cómo ustedes serán bendecidos por la luz.

YO SOY luz, candente luz,
luz radiante, luz intensificada.
Dios consume mis tinieblas,
transmutándolas en luz.
En este día YO SOY un foco del Sol Central.
A través de mí fluye un río cristalino,
una fuente viviente de luz
que jamás podrá ser cualificada
por pensamientos y sentimientos humanos.
YO SOY una avanzada de lo Divino.
Las tinieblas que me han usado son consumidas
por el poderoso río de luz que YO SOY.

YO SOY, YO SOY, YO SOY luz;
yo vivo, yo vivo, yo vivo en la luz.
YO SOY la máxima dimensión de la luz;
YO SOY la más pura intención de la luz.
YO SOY luz, luz, luz
inundando el mundo doquiera que voy,
bendiciendo, fortaleciendo e impartiendo
el designio del reino del cielo.

HACERLE *un* LUGAR *a* SU YO AUTÉNTICO

Mark dijo una vez: «Sean amor sencilla, pura y totalmente. Hagan lo que les parezca espontáneamente, no lo que tienen planeado. Hagan lo que su corazón les diga. Ayúdense unos a otros. Perdónense unos a otros, mientras piden perdón a Dios».

Aprender a comportarse de forma natural y auténtica, y no de una forma planeada, puede ser a veces la parte más difícil de las relaciones. Recuerdo que una de las lecciones más importantes que aprendí cuando estudiaba en la escuela secundaria y en la universidad fue cómo ser fiel a mí misma en las relaciones. A veces alguien me pedía una cita y yo sabía que él no me veía tal como yo era, sino más bien como él quería que yo fuera.

Algunas veces nos podemos encontrar en una situación así y podríamos representar un papel con el fin de gustar a ciertas personas. Si nos sentimos inseguros o, quizá, no aceptados, puede que pensemos: «Si no me visto como esta gente, si no me parezco a ellos, si no hablo como ellos, si no me comporto como ellos ni hago lo que hacen ellos, nunca me amarán».

Así, nos podemos convertir en actores en el escenario de la vida. Y si representamos un papel, quizá para ser aceptados o recibir la aprobación de la gente, puede que perdamos una parte de nosotros mismos, y esto puede ser doloroso. Algunas veces la gente incluso se casa como parte de la representación de un papel o para establecerse en la sociedad. Si alguna vez ustedes se ven atrapados en una situación así y están intentado encontrar dónde está la realidad, puede que necesiten separarse por un tiempo para poder conseguir un sentimiento más fuerte del yo.

Puede que incluso prefiramos estar solos por un tiempo antes que cambiar de apariencia y personalidad por los demás. Para ser fieles a nosotros mismos, para ser auténticos, puede que durante algún tiempo seamos unos solitarios, como los que saben quiénes son y están dispuestos a esperar para llegar a formar parte de una realidad superior, porque buscamos el amor ideal. El hombre de la siguiente historia se dio cuenta justo a tiempo de que había estado representando un papel sin ser consciente de ello.

Conocí a una persona con quien sentí una conexión especial y profunda, algo distinto a cualquier otra cosa que no había sentido con nadie más. Pero seguí citándome con muchachas de mi fe porque sabía que mis padres no estarían de acuerdo con que viera a esta muchacha, puesto que sus creencias no eran las mías. Mientras tanto, yo estudiaba para ser médico, algo que me habían dicho que llegaría a ser desde niño. Conseguí entrada a una de las mejores escuelas de medicina; y entonces, un día, me di cuenta de que no sentía una verdadera pasión por la medicina. Al mismo tiempo, estaba a punto de comprometerme con una persona realmente buena, de mi misma fe, a quien no amaba de verdad. Después de reflexionar y meditar, finalmente descubrí que había pasado la mayor parte de mi vida intentando cumplir los sueños de mis padres y que nunca había descubierto quién era y qué quería llegar a ser. Había estado representando un papel sin darme cuenta de ello.

AMISTADES ÍNTEGRAS y KARMA POSITIVO

Cuando somos fieles a nosotros mismos, podemos atraer a personas que nos aprecien por quienes somos en realidad. Tal aprecio, cuando es recíproco, es la base de una verdadera amistad a cualquier edad. Para los adolescentes y los jóvenes, las relaciones pueden resultar especialmente difíciles y, algunas veces, pueden generar karma. Durante este período, ser auténticos y fieles a nosotros mismos con las personas de la misma edad es, quizá, uno de los desafíos más grandes.

En esos años construimos naturalmente nuestra identidad y determinamos cómo y dónde encajamos en los grupos de nuestra vida: en la escuela, en el trabajo, en los deportes y en otras actividades. Al mismo tiempo, en esa época sentimos las energías sexuales e intentamos determinar cómo manejaremos esas energías en nosotros así como en nuestras relaciones. Incluso en la mejor de las amistades, las atracciones y las energías sexuales pueden ocurrir, pero pueden manejarse de forma sana, equilibrada y eficaz. (Véase capítulo 7). Por otro lado, cuando un fuerte componente sexual es la base de una relación, ello se puede convertir en el punto central, ensombreciendo el desarrollo de otros aspectos de una relación sana. Aun sin la implicación sexual, una relación puede girar demasiado en torno a personalidades superficiales, lo cual puede resultar en conflictos mezquinos. Todos estos enredos pueden crear y acumular relaciones artificiales que incurren en karma. Tras sentir los desengaños de tales relaciones, la joven de la siguiente historia descubrió una clave esencial para hallar el amor ideal.

Cuando he tenido relaciones, a veces he sentido que perdía mi individualidad. Llegado un punto, me di cuenta de que tenía que darme tiempo para saber quién era realmente. Solo después de alejarme completamente de caprichos, enamoramientos y amores mal concebidos, pude mirar en mi interior y descubrir quién soy en lo más profundo.

Quedarme soltera ha sido una de las cosas más difíciles e importantes que he hecho jamás. Y ha sido una clave para mi felicidad. Creo que también contribuirá a una relación verdaderamente feliz en el futuro. ¿Cómo puedo esperar que una relación me haga feliz si no puedo ser feliz sola?

He descubierto muchísimo poder al encontrar mi propia alegría. Sé que puesto que tengo eso dentro de mí, nadie puede arrebatármelo. Ya no dependo de otra persona para satisfacer todas mis necesidades y ser feliz, porque ya lo he hecho yo sola. Ahora que esas necesidades están satisfechas en mí misma, siento que puedo ser mucho más receptiva hacia una relación vibrante, sana y satisfactoria.

Permanecer solteros el tiempo necesario puede significar establecer y disfrutar de amistades sólidas, y es una de las formas más útiles de navegar por los años de la juventud. Las amistades se pueden fortalecer realizando actividades en grupo con los amigos en vez de tener la presión de las relaciones de pareja.

La expresión del amor en formas íntegras y creativas es una de las partes más importantes de la verdadera amistad. Esto puede consistir en un servicio a la comunidad u otras actividades, como los deportes, la música o el drama, quizá integrándose en un grupo de teatro. Esta clase de amistad puede llegar a convertirse en una relación romántica o puede no llegar a serlo. Puede durar poco tiempo o puede durar mucho. En cualquier caso, el apoyo y el ánimo hacia la verdadera identidad de cada persona es la base de cualquier relación fuerte que puedan tener en el futuro.

Las palabras de Kahlil Gibran reflejan el espíritu de este tipo de amistad:

Cuando tu amigo te dice lo que piensa, no temes el «no» que hay en tu mente, ni te reservas el «sí».

Y cuando permanece en silencio, nuestro corazón no deja de escuchar a su corazón;

porque sin palabras, en la amistad, todos los pensamientos, todos los deseos, todas las expectativas nacen y se comparten, con una alegría sin dueño.

Cuando te separas de tu amigo, no sufres;

porque lo que más amas en él podría verse más claramente en su ausencia,

como el escalador ve la montaña más claramente desde la llanura.

Y no haya más finalidad en la amistad que la profundidad de espíritu.

Porque el amor que no busca más que la revelación de su misterio no es amor, sino una red que ha sido arrojada; y solo atrapa lo que no es rentable.

Y deja lo mejor para tu amigo.

Si debe conocerte en bajamar, pueda también conocerte en pleamar.

¿Pues qué es tu amigo para que lo busques en tus horas muertas?

Búscalo siempre con horas por vivir.

Porque a él corresponde satisfacer tu necesidad, pero no llenar tu vacío.

Y en la dulzura de la amistad, haya risa y un compartir los placeres.

Pues en el rocío de las cosas pequeñas halla el corazón su mañana y se refresca.[3]

Este amor puro de nuestro corazón puede traducirse para otra
rsona en consuelo. Cuando nuestros seres queridos sienten nues-
 consuelo, pueden quedarse en paz. Sin miedo a ser juzgados, su
 na puede experimentar la curación y puede liberarse de un gran
 so. Nos podemos quedar asombrados de cuánto podemos ser de
 uda, cuántos problemas se pueden curar, cuánta cantidad de un
 tiguo registro kármico se puede borrar. Nuestra presencia, nuestra
 z, nuestro consuelo, nuestro amor, nuestra compañía, pueden di-
 lverlo. Y podemos observar cómo esa persona remontará el vuelo
volará alto, sin saber apenas que el registro ha sido resuelto. Nues-
 as relaciones asumirán un amor nuevo y superior.

Devociones sencillas nos pueden ayudar a ampliar nuestra pers-
 ectiva y a cultivar nuestro corazón. Por ejemplo, pueden dedicar un
 oquito de tiempo todos los días para ir a su corazón y sentir la
 resencia de Dios, reconociendo su presencia en todas las cosas; y,
 on gratitud, pueden decir: «¡Oh Dios, eres tan magnífico!».

La ternura de corazón es un aspecto de la compasión. La ter-
 ura es una actitud que sustenta y da. Responde desde una posición
 entrada en el corazón. No reacciona a la ira ni las emociones de
 otro con más de lo mismo. En cambio, es un modo receptivo por el
 cual las acciones humanas forzadas y poco naturales dan paso al
 amor natural del corazón.

La ternura es fortaleza, la fortaleza suprema. Es lo contrario a
la fragilidad, la rigidez o la resistencia. La rigidez y la resistencia al
cambio, incluyendo los cambios en la relaciones, pueden hacernos
frágiles. Y, como sabemos, las cosas frágiles se pueden romper fácilmente. La ternura es una forma suave de lidiar con una situación
que no degrada a la otra persona, sino que le enseña que solo nos
interesa lo mejor para ella.

Con frecuencia las personas tienen aristas en su personalidad.
Poseen una belleza única en su interior que podrían no mostrar todavía. Aún están creciendo hacia la plenitud de lo mejor de sí mismas. Entendiendo así las cosas, podemos cuidar unos de otros como

CAPÍTULO 5

CURAR y TRANSFORMAR
las RELACIONES

Una forma de cambiar los patrones humanos de comportamiento en nuestras relaciones consiste en tener una perspectiva más amplia y un cambio de actitud. En los inevitables retos propios de las relaciones, podemos tener un
concepto limitado sobre los demás. Tener una perspectiva
desde el corazón amplía nuestro punto de vista y nos
ayuda a aceptar a las personas tal como son, a permitirles
que sean quienes son en realidad y a intentar aprender de
todos aquellos a quienes conocemos.

Tendremos toda clase de relaciones con personas que
podrán no encajar en el molde de lo que queremos o esperamos, pero tales personas poseerán algo valioso en su
interior: un don, una idea, un conocimiento único. Con
una mente y un corazón abiertos, podemos invitar a otras
personas a que cuenten lo que llevan dentro, y es probable
que estén deseando hacerlo. Y es probable que descubra-
mos algo nuevo al escucharlas.

Desde la perspectiva de un amor superior, podemos
mirar más allá de las apariencias externas, hacia la esencia

interior. ¿Qué es su esencia interior? ¿Qué les hace ser alguien especial? ¿Qué les hace sentirse llenos de alegría, amor y felicidad? ¿Qué les da la capacidad de dar a los demás? Podemos ver a los demás desde este mismo punto de vista, una perspectiva que podemos cultivar.

Una joven a quien aconsejé realizó esta clase de cambio de actitud sobre su callado esposo.

Cuando conocí a mi esposo, pensé que era el hombre más dulce del mundo. Nos casamos y poco a poco, como es el caso con los recién casados muchas veces, me di cuenta de que no era perfecto. Yo era una mujer más bien parlanchina, por lo cual supuse que él sería tan comunicativo como mis amigas, que eran igual de parlanchinas que yo. Él era considerado, amable, gracioso y trabajaba duro. Pero no hablaba mucho, y eso me preocupaba.

Un día, la Sra. Prophet me preguntó qué me parecía la vida de casada. Me detuve, queriendo no parecer desagradecida, y luego dije con una voz desolada: «Bueno, no habla mucho». Ella esperó unos momentos, y dijo: «Se comunica. Es una persona de corazón. Se comunica con su corazón».

Le dije a mi esposo lo que ella había dicho. Algún tiempo después, estábamos en casa, tranquilamente sentados uno junto al otro en el sofá, sin decir mucho. Y él me dijo muy bajito: «¿Me oyes? Te estoy hablando». Casi pude escuchar su corazón latiendo con tonos de amor. Solo tenía que escuchar.

Han pasado muchos años. Ahora mi esposo habla mucho más, pero eso ni siquiera importa. Porque he aprendido a escuchar, y ahora sé que yo tenía razón al principio, cuando pensaba que él tenía un corazón dulce.

LA LUZ *de la* COMPASIÓN

En las relaciones construidas sobre la compasión personas tienen el espacio necesario para ser ellas mis respeta la necesidad de la otra persona, y juntas se mente para florecer. Respetan el esfuerzo que la otr para acercarse a Dios y la relación que tiene con Dios trata de una relación de amor que revitaliza a las dos fomenta un crecimiento mayor.

La compasión es una clase de amor que eleva y e demás. Es un amor que incita a los demás a alcanzar t cial. Y así, este amor, esta compasión, no deja a los mismo punto en que los encuentra. En cambio, es un apoya y los anima en su relación con la parte de sí m mejor y más verdadera, con su Yo Superior y con su E

Muchos de los santos más grandes, hombres y mujeres, han comprendido y demostrado el significado de este tipo de amor. Un discípulo del Buda le preguntó una vez a su maestro si sería correcto decir que parte de su preparación era para el desarrollo del amor y la compasión. El maestro contestó que no, no sería correcto decir eso; sería correcto decir que *toda* su preparación era para el desarrollo del amor y la compasión.

El Buda comp

Para sondear las profundidades de tal compasión, n gimos en el fuego de nuestro corazón para llegar al punto d amor más profundo y puro. Nos podemos imaginar es como un horno de fuego ardiendo, y desde ahí se extiende de nuestro corazón para envolver a aquel que necesita a desde nuestro corazón enviamos una comprensión y un a fundo.

de una tierna flor. Y entonces podremos descubrir que la actitud de la ternura, aunque no siente lástima, levanta a la persona que tiene ante sí la mayor cantidad de dificultades y, quizá, la que supone para nosotros el mayor desafío. En la siguiente historia, el fluir de la compasión genuina ablandó el corazón de este hombre.

Hace unos años, mientras nadaba en el mar, recé por una situación difícil en mi matrimonio. Mi esposa y yo teníamos las mismas discusiones sobre el trabajo y los horarios. Sentía que ella me empujaba a un lado y ella se sentía frustrada y me decía lo que yo hacía mal (o al menos eso es lo que ella decía). Los dos nos irritábamos y nos poníamos a la defensiva. Así pues, mientras nadaba, de repente me acordé de una frase que me enseñaron mis padres: «Ponte en el lugar de la otra persona por un tiempo». Y así, dejé que el agua me limpiara de frustración y le pedí a Dios que me dejara sentir lo que ella sentía, realmente sentir y estar «en su lugar». El cambio fue sutil, pero increíble. Noté que al salir el tema de nuevo, era capaz de escucharla con mucha más paciencia y sentí el corazón más abierto. En momentos de tensión, me acuerdo de este simple dicho lleno de sabiduría de mis padres. Ha sido realmente algo esencial para nuestro matrimonio.

EL DESALIENTO *de la* LÁSTIMA

A diferencia de la compasión, la lástima se identifica con el yo humano de otra persona. Predispone a los demás a que consientan sus propias debilidades y a que sientan lástima de sí mismos. Fomenta lo que se podría denominar como una relación horizontal con los demás en vez de la relación vertical, en la cual se busca y se intenta alcanzar el Yo Superior de uno mismo. La lástima puede proporcionar un alivio temporal o un consuelo parcial pero, al final, puede producir un sentimiento depresivo. La lástima resta energía.

Algunas veces las personas generan un tirón lastimoso debido a la lástima que sienten por sí mismos. Esto puede evocar sentimientos de obligación o incluso de intimidación. Estas personas pueden transmitir el mensaje: «Debes cuidar de mí, ayudarme, darme tu luz, tu dinero, tu apoyo, tu tiempo y espacio, porque yo no lo puedo hacer por mí mismo ya que me encuentro en una situación tan desgraciada. Me lo debes». Es un tirón, incluso un magnetismo, en el que fácilmente podemos quedar atrapados cuando nos preocupamos por los demás y queremos ayudarles de forma genuina. Pero si estamos atentos y nos damos cuenta de esto, podemos decidir responder con verdadera compasión, algo que a veces puede ser el permitir a los demás afrontar sus propias luchas y esforzarse por superarlas.

En una relación basada en la lástima, una o ambas personas pueden sentir que no pueden ser del todo ellas mismas. Porque tienen una relación en la que buscan una guía fuera, en la otra persona, en vez de buscarla en el interior. Estas relaciones con frecuencia acaban decepcionando, porque cada cual mira al otro buscando aquello que, en última instancia, solo puede encontrar en su propia relación con su Yo Superior y con Dios.

LA LLAMA VIOLETA

Hay otra forma de expandir el amor en nuestro corazón y en nuestras relaciones, mediante una energía espiritual única llamada fuego violeta o llama violeta. (Véase lámina 5). Recordarán este color luminoso tan vivo cuando lo vieron a través de un cristal o un prisma. Si observaron con atención, quizá notaran cómo el rayo de luz solar, al pasar por un prisma, se separa en una miríada de colores.

Isaac Newton, el gran físico y matemático, observó que el rayo de luz se separa en siete colores del arco iris: rojo, anaranjado, amarillo, verde, azul, índigo y violeta. Esta luz visible solo es una pequeñísima parte de un espectro electromagnético de frecuencias variables o longitudes de onda, que incluyen las ondas de radio, las microondas, la radiación infrarroja, la radiación ultravioleta, los rayos X, los rayos gamma y los rayos cósmicos. Hoy día, los científicos conocen unas sesenta o setenta octavas de luz. El violeta, el color de longitud de onda más corta, tiene la frecuencia más alta del espectro visible y se encuentra en el punto de transición hacia la siguiente octava de luz. Al mismo tiempo, entre todos los colores del espectro visible, la luz violeta es la que, en su vibración, está más cerca de la materia, de la sustancia de la Tierra. Cuando la sustancia densa del plano físico entra en contacto con la llama violeta, se transforma o transmuta.[1]

TRANSFORMACIÓN ALQUÍMICA

Transmutación significa 'alterar en forma, apariencia o naturaleza, especialmente cambiar algo convirtiéndolo en algo de forma superior'. Este término fue utilizado por los alquimistas de antaño en un intento de transmutar los metales comunes en oro, separando lo «sutil» de lo «tosco» por medio del calor.

Estos alquimistas no desvelaron lo que realmente buscaban, que era algo mucho más que la transformación de los metales. Ellos querían entrar en contacto con el nexo del flujo donde el Espíritu se convierte en materia y la materia se convierte en Espíritu, que es el punto de la llama violeta. De hecho, buscaban la unión del alma con el Yo Superior. Estos alquimistas eran místicos interesados en la aceleración de la conciencia y la transformación del alma.

Para los alquimistas tanto antiguos como medievales, el verdadero propósito de la transmutación alquímica era la transformación espiritual y el logro de la vida eterna. Y eso es lo que puede darles a ustedes la llama violeta: la acción de transformación y el rejuvenecimiento. La llama violeta consume los elementos de nuestro karma y todo aquello que no pertenece a nuestra realidad suprema, convirtiéndolo en la dorada naturaleza de nuestro yo divino.

LA LLAMA VIOLETA *en* SU VIDA
y SUS RELACIONES

La acción de la llama violeta puede producir la curación de nuestro cuerpo físico así como nuestra curación psicológica. Puede aumentar la acción del perdón. Puede ayudarnos a superar las experiencias no resueltas con las personas que hayan sido injustas con nosotros o con las que nosotros hayamos sido injustos.

La llama violeta es la alegría de vivir que puede producir gozo y optimismo. Nos ayuda a liberar nuestra alma. Es la energía de misericordia, libertad y transmutación. La llama violeta puede producir milagros en nuestra vida.

¿Cómo se consigue que la llama violeta haga todas esas cosas para nosotros y nuestras relaciones? Pueden invocar esta luz mediante mantras y decretos de llama violeta. Al hacerlo, visualicen esta llama borrando los registros de pruebas y tribulaciones del pasado. Pueden comenzar este proceso haciendo el siguiente mantra de llama violeta como ejemplo, repitiéndolo tantas veces como deseen.

¡YO SOY un ser de fuego violeta!
¡YO SOY la pureza que Dios desea!

La llama violeta puede limpiar viejas heridas kármicas y bloqueos que impiden amar y tener relaciones llenas de amor. En base a nuestro pasado, estas cosas varían para cada uno de nosotros, y su manifestación puede ir desde el miedo, la ira, la irritación, la depresión y el egoísmo hasta la dureza de corazón. Sean cuales sean sus dificultades, la llama violeta puede despejarlas. Cuando la mujer de la siguiente historia la usó, quedó felizmente sorprendida.

He observado que mi esposo frecuentemente se altera mucho y yo ni siquiera sé por qué se enoja. Esto puede llegar a ser descorazonador e inquietante. Algunas veces, cuando esto ocurre, sencillamente me aparto unos minutos y me concentro en el siguiente mantra:

¡Mi esposo es un ser de fuego violeta!
¡Mi esposo es la pureza que Dios desea!
¡YO SOY un ser de fuego violeta!
¡YO SOY la pureza que Dios desea!

Una y otra vez he observado que la energía cambia inmediatamente. Mi esposo suelta los sentimientos que tenía, perdona, y casi se olvida por completo de lo que le enojó. ¡La llama violeta disuelve los problemas! A veces simplemente hago el mantra unos minutos, ¡pero los beneficios siguen siendo sorprendentes!

Cuando hagan el siguiente mantra o cualquier decreto de llama violeta, pueden visualizar la llama violeta ardiendo en su corazón y rodeándolo. Sientan el amor en su corazón expandirse y extenderse hacia las personas que aman y aquellos con quienes deseen alcanzar una resolución y la curación.

Pueden aumentar la acción de la llama violeta mediante la visualización y mediante el fervor de su llamado. Al hacer el siguiente mantra, imagínense la luz violeta expandiéndose despacio e intensificándose tanto, que ni siquiera pueden ver a través de ella.

¡Fuego violeta, divino amor,
arde en este, mi corazón!
Misericordia verdadera tú eres siempre,
mantenme en armonía contigo eternamente.

LA LIBERTAD *del* PERDÓN

La mayoría de las personas tienen un deseo natural de armonía, tanto interiormente como en sus relaciones. Una de las claves para alcanzar la armonía en nuestra psique así como en nuestros contactos con los demás reside en la misericordia y el perdón: misericordia por la cual nos perdonamos a nosotros mismos, misericordia por la cual perdonamos a los demás.

Para recibir el perdón de Dios, hemos de empezar por perdonarnos a nosotros mismos. Podemos perdonarnos a nosotros mismos por ser humanamente imperfectos y por cometer errores. Todos nosotros somos seres humanos y todos hemos hecho cosas de las que no estamos orgullosos. Todos hemos tenido que pasar por algunas experiencias lo mejor que supimos en aquel momento. Algunas veces no lo hicimos de la forma más perfecta, pero en eso consiste el proceso de aprendizaje: experimentar, intentar las cosas mediante ensayo y error y, finalmente, salir triunfantes.

Jamás debemos condenarnos a nosotros mismos por nuestros defectos y equivocaciones, pero podemos decidir hacer las cosas mejor la próxima vez. Si nos condenamos, incluso solo un poquito, es como hacer un agujero en una botella de agua. El agua, despacio pero seguro, se va fugando. No importa cuánta agua pongamos en la botella, esta no seguirá llena. Eso es lo que sucede con nuestra energía cuando permitimos que cualquier cosa o cualquier persona, incluyéndonos a nosotros mismos, nos condenen y hagan que no nos sintamos merecedores del amor de Dios. Nuestra alma sí es merecedora. Ella es merecedora del amor y el perdón de Dios.

Así, con gran misericordia, perdónense a ustedes mismos por los errores y el karma de esta vida y vidas pasadas, tanto si las recuerdan como si no. Si realmente se perdonan, establecerán un imán de perdón en su corazón que hará que el perdón de Dios descienda. Aceptar el perdón de Dios es la base para llegar a la resolución. Cuando se recibe el perdón, se nota un alivio, la desaparición de algún porcentaje del peso del karma, la carga como efecto del acto en sí. Por tanto, el perdón es una parte importante para saldar karma.

Podemos mirar a las personas con las que estamos vinculados actualmente. Podemos mirar la situación en la que nos encontramos en nuestro trabajo, nuestra familia y todo lo que nos afecta. La mayoría de nosotros tenemos gente difícil en nuestra vida. Algunas veces parecemos incapaces de resolver los problemas con ellas o de desenredarnos. Con frecuencia, esto se debe a que nunca hemos perdonado viejas heridas y viejas injusticias. Esta falta de perdón nos ata muy de cerca a personas con las que tenemos la sensación de no poder superar las discusiones y los problemas. Pero para expandir el amor, hemos de soltar todas esas cosas. Necesitamos perdonar, olvidar y seguir adelante. Podemos bendecir la vida y ser libres. La mayor liberación que he alcanzado en esta vida es la capacidad de perdonar a todo el mundo intensamente, profundamente y con la totalidad de mi ser.

CURAR *las* RELACIONES *con el* PERDÓN

El perdón es un proceso de dos pasos. Rezamos pidiendo misericordia divina y perdonamos al alma del que cometió la injusticia, y también pedimos a Dios que perdone a esa alma. Cuando una persona hace algo que daña a otra, no está actuando desde su Yo Real sino desde lo que podemos llamar su yo irreal. Después rezamos pidiendo justicia divina para el yo irreal y que la persona quede libre de él. Aunque nosotros perdonamos de verdad al alma, no aceptamos la mala acción ni la conciencia que hay detrás de eso. Esto puede ser una gran liberación, especialmente cuando queremos perdonar a un alma pero su acción ha sido lamentable de veras. Perdonamos al alma pero no el acto. Realizar este proceso puede ayudarnos a perdonar incluso a quienes nos cuesta más hacerlo.

También debemos pedirle a Dios que dé al alma la oportunidad de enmendar sus acciones y fortalecerse para poder resistirse a la necesidad de hacer lo que está mal cuando eso llame de nuevo a su puerta. Habitualmente no sabemos qué causa hay detrás de las acciones de otra persona. Aunque pensemos que lo sabemos, pueden existir cosas debajo de la superficie que no conozcamos. Por tanto, no hemos de juzgar ni castigar. Más bien, más allá de la personalidad y el acto podemos percibir al alma y ofrecerle perdón y compasión. Y eso puede ser precisamente el regalo que no solo nos libere a nosotros, sino también a esa alma.

El perdón no siempre se produce de una sola vez; habitualmente ocurre en incrementos. Cada noche, cuando acostamos el cuerpo para dormir, lo hacemos al final de un ciclo y tenemos la ocasión de perdonar. Es el momento que tenemos para soltar toda la discordia y los problemas y perdonar a todo lo que tiene vida. Queremos pasar la página del día y rezar para que las interacciones del día se resuelvan. Por eso practicamos el perdón todos los días, todas las noches. Y al hacerlo, damos firmes pasos hacia nuestra meta. Porque poco a poco, al ir trabajando con nuestras emociones, perdonándonos, perdonando a los demás y alcanzando la resolución, partes de nosotros mismos se convierten diariamente en parte de nuestro Yo Superior, nuestro Yo Real.

El corazón que perdona es el corazón liberado. Cuando damos misericordia desde nuestro corazón y después hacemos mucha llama violeta, podemos sentir una liberación. Podemos enviar bendiciones, amor y luz. Y si la otra persona alberga ira y rencor, eso es algo que ella debe solucionar. Nosotros solo debemos saber que nuestro perdón es absoluto, total, verdadero y profundo, y entonces podemos realmente decir: «He perdonado».

MEDITACIÓN *del* PERDÓN

Podemos practicar el perdón enviando llama violeta hacia la causa, el efecto, el registro y la memoria de todo intercambio negativo que jamás hayamos tenido y a su efecto negativo sobre nosotros y la otra persona. Podemos pedir que todos aquellos que se vieron afectados por esa situación, también sean liberados por la transmutación de la llama violeta.

Piensen en un ejemplo en el que alguien fue injusto con ustedes o les hizo daño. Si se trata de una situación dolorosa, recuerden que pueden perdonar al alma de esa persona. Pídanle a Dios que ayude a esa persona y que les enseñe a perdonar, y si tienen que hacer alguna otra cosa que sea positiva. Como ayuda al proceso de perdonar, intenten hacer la siguiente meditación y afirmación.

Imagínense que se encuentran de pie, bajo una suave cascada de color violeta, que se lleva cualquier sentimiento de remordimiento o de culpa, vergüenza o condenación. Dejen que la calmante agua del perdón fluya hacia su interior, a través y a su alrededor, proporcionando a su alma un sentimiento de paz.

Después, repitan la siguiente afirmación para atraer la acción de misericordia y perdón de la llama violeta. Vean cómo su corazón se convierte en un imán del perdón.

¡YO SOY un ser de fuego violeta!
¡YO SOY la pureza que Dios desea!

Ahora imagínense una esfera de luz violeta alrededor de aquellas personas a las que quieran perdonar, disolviendo toda la negatividad y llenando sus almas con la luz del perdón. Luego repitan la siguiente afirmación para cada una de ellas, insertando el nombre de la persona en el espacio en blanco:

¡ _____ es un ser de fuego violeta!
¡ _____ es la pureza que Dios desea!

También pueden hacer el siguiente decreto del perdón mientras visualizan esferas de llama violeta transportadas con alas de luz y siendo entregadas a todas las personas a las que perdonan o que necesitan perdonarles a ustedes:

YO SOY el perdón aquí actuando,
desechando las dudas y los temores,
la victoria cósmica despliega sus alas
liberando por siempre a todos los hombres.

YO SOY quien invoca con pleno poder
en todo momento la ley del perdón;
a toda la vida y en todo lugar
inundo con la gracia del perdón.

TRANSMUTAR *las* CARGAS *del* PASADO

Nunca es demasiado pronto ni demasiado tarde para invocar la llama violeta para sus relaciones. La llama violeta puede transmutar las cargas que tengamos en nuestras relaciones actuales y en las relaciones recientes, y también puede transmutar de forma retroactiva registros kármicos y memorias de visas pasadas. Por tanto, podemos aplicar la llama violeta a asuntos del corazón del presente y a puntos difíciles en nuestras relaciones. Por ejemplo, el peso por haber perdido a un amigo o un ser querido o el peso que tengamos al ver que alguien cercano a nosotros está pasando por malos tiempos.

En un momento dado, podrán encontrarse recordando vislumbres de vidas pasadas, quizá después de haber hecho decretos de llama violeta durante algún tiempo. Puede que tengan un sueño o una intuición sobre su alma o sobre relaciones íntimas en épocas de un pasado distante. O puede que simplemente tengan la impresión de un tiempo o lugar en concreto. Tales registros y recuerdos de vidas pasadas son como archivos de computadora en la mente subconsciente. Si se hacen conscientes de esos recuerdos, no hace falta que los supriman. En cambio, concentren su atención en la luz de su corazón e imaginen la experiencia saturada de llama violeta hasta que la imagen desaparezca ante su vista interior. Luego, suelten el recuerdo y vean cómo el sol blanco resplandeciente sustituye la imagen en su mente.

Además de entregar el yo y dar amor y servicio, el karma se puede purificar mediante la acción de limpieza de la llama violeta. Pueden repetir el siguiente decreto corto para que les ayude a saldar el karma entre ustedes y otras personas. También puede afianzar en ustedes la luz de su Yo Superior.

> **Ardiente fuego violeta,**
> **ardiente fuego violeta,**
> **ardiente fuego violeta,**
> **la Luz de Dios eleva, eleva y eleva**

todo pensamiento y toda conciencia
hasta el plano de mi Presencia
que en el nombre de Dios ahora libera
la sabiduría y el equilibrio que invoco.

ALEGRÍA *y* RISA

También pueden hacer cosas sencillas todos los días para aumentar la energía de la llama violeta en su vida y sus relaciones. Por ejemplo, puesto que la alegría es una cualidad de la llama violeta, pueden ser alegres.

La alegría es la esencia efervescente del amor de Dios expresada en su vida. Es magnética y contagiosa. Cuando tenemos la sencillez de la alegría en nuestras relaciones, ello produce paz y consuelo en las personas que amamos. Estas se vuelven más alegres y su vida parece más ligera. Es más fácil que sintamos el amor de nuestro corazón cuando compartimos alegría con otra persona. Por tanto, la alegría mantiene el amor fluyendo de un corazón a otro.

Mi esposo Mark tenía más alegría que ninguna otra persona que haya conocido. Transmitía el milagro de la alegría con su ejemplo y en la enseñanza que nos daba:

Ríanse un poquito por las circunstancias más tontas que ocurren... Y si pueden aprender a reírse de sí mismos, ¡habrán conseguido algo grande!

Entonces, ¿qué nos queda? En parte, se trata de saber qué hemos desechado. Cuando nos reímos de nosotros mismos y no nos tomamos demasiado en serio, nos quitamos la máscara del ego humano y nos vestimos con nuestro Yo Superior en su lugar. Y por eso, en parte, en lo profundo de su corazón, a la gente le gusta reírse de sí misma. ¡Y eso también es contagioso!

Entonces, aprendan a reírse de sí mismos y de sus

debilidades, ¡y disfruten de la vida! ¡Y no se olviden de jugar mucho! Y amen; ámense a sí mismos y estén agradecidos por la faceta única de Dios que son.

También pueden hacer el siguiente mantra de llama violeta para aumentar la alegría y llevar felicidad a su vida y sus relaciones.

> ¡Fuego violeta, ven!
> ¡Desciende a mi forma!
> Tu pureza consagrada,
> trae éxtasis cósmico,
> haciéndome como tú,
> ¡adorna mi ser ahora!

El alegre ritmo del tres por cuatro del vals es el mismo ritmo que el de su corazón y contiene la energía y vibración de la llama violeta. Pueden silbar la llama violeta o cantarla. Pueden saltar y bailar con ella o hacer juegos con ella. Pueden inventarse toda clase de formas innovadoras para llevar la llama violeta a sus relaciones y a todos los ámbitos de su vida. ¡Los niños, y su niño o niña interior, aman la llama violeta![2]

PREGUNTAS Y REPUESTAS
con *Elizabeth Clare Prophet sobre*

El karma y las relaciones

AMOR y PERDÓN

P: ¿Cómo puedo amar a la gente de manera incondicional?

R: No se puede amar el mal comportamiento de la gente, y Dios no espera que lo hagamos. Pero podemos amar al alma. Podemos amar a la persona y podemos amar a su Presencia Divina. Y cuanto más se descarríe la persona, más debe ascender nuestro amor y más intenso debe ser hacia el Yo Superior de esa persona, para que ella sea atraída hacia él y su yo exterior lo refleje.

Usted podría ser consciente actualmente del potencial de la persona de llegar a ser lo que es realmente. Deberá amar ese potencial y amar al Dios que amó a esa persona y dijo: «Te he enviado para que llegues a ser yo mismo. Te he dado la oportunidad de vivir».

Cuando Dios nos puso sobre la Tierra, permitió la posibilidad de que cometiéramos errores y que no llegáramos a ser libres en Dios, que no llegáramos a ser parte de Él como individuos, si no pasábamos por el proceso de aprendizaje mediante el ensayo y el error.

Por eso, cuando nos damos cuenta del amor incondicional que Dios siente por cada persona al darle libre albedrío y enviarla con esa voluntad, comprendemos que debemos amar como Dios ama.

Cuando rezo a Dios sobre el amor que siento hacia alguien

que pueda haber sido difícil de amar, he permitido que mi conciencia se dirigiera a Dios porque quería tener una perspectiva sobre cómo Dios amaba a esa persona. Y muchas veces mi amor hacia esa persona ha aumentado.

El amor incondicional es el amor incondicional por el derecho de la persona a llegar a ser quien es. Es el amor que le permite pasar por ese proceso sin que la molestemos, importunemos, intentemos dominar, critiquemos o sin que nos irritemos.

Ahora bien, digamos que la persona que amamos hace algo que no nos gusta. Si sentimos un amor intenso hacia esa persona y si se trata de un amor que proviene de nuestro Yo Superior, inmediatamente queda registrado en nuestro interior lo que no está bien. Entonces sabemos que no podemos quedarnos mirando y dejar que el universo y nosotros mismos seamos pisoteados por esa energía negativa. Así, tranquila pero firmemente, hemos de decir lo siguiente: «No te puedo acompañar en esto. En esto no puedo ir contigo, y no puedes hacer esto cuando estés conmigo». Entonces, tenemos la esperanza de que esta persona puede superar el problema, y rezamos por ello.

Y ese es el motivo por el cual, en su matrimonio, deben estar unidos por un yugo que no sea desigual. Deben poder confiar en que la otra persona no les involucre en patrones negativos que serían para ustedes totalmente inaceptables. No se comprometerían a casarse con una persona así porque no querrían asumir esa energía. Y cuanto más amen a Dios, más deben decir: «Si no existe cierto respeto por la dignidad del Yo Superior dentro de ambos, esta relación no tendrá ningún futuro».

Pero si la falta de amor incondicional por nuestra parte se debe al orgullo personal, a una ausencia de confianza o de compromiso en la relación, hay que darse cuenta de que el motivo puede ser nuestro propio egoísmo o nuestro miedo. La confianza es lo que hace que la relación funcione y es lo que une. La confianza es la alianza y el contrato del matrimonio.

Y si la confianza se rompe, porque cada vez que la otra persona hace algo que no nos gusta, nosotros ponemos objeciones y nos encerramos en nosotros mismos, ello significa que no estamos listos para un contrato así. Podemos amar, pero podemos no estar preparados para llevar las cargas de la relación matrimonial. Por tanto, quizá tengamos que crecer más antes de hacer ese compromiso.

Claro que si la gente rompe nuestra confianza, especialmente si lo hace repetidamente, es comprensible que podamos perder la confianza en ella. En tal caso, ella tiene que esforzarse para merecer nuestra confianza.

ENREDOS KÁRMICOS

P: **¿Qué hago si he incurrido en karma en una relación anterior y quiero asegurarme de que ese karma está resuelto?**

R: Si una relación se ha terminado, existe un motivo por el que se ha terminado. Llegó a su conclusión lógica. Todo lo que se podía extraer de ella fue extraído. Pero algunas veces queda cierta nostalgia, porque cuando seguimos adelante y progresamos en la vida, nos imaginamos que tenemos la misma relación con esa persona que una vez tuvimos al principio y que fue buena. Pero, claro está, eso no puede ocurrir en el presente a no ser que la persona haya progresado como nosotros lo hemos hecho.

Y en la mayoría de los casos vemos que cuando volvemos, por ejemplo, a nuestro pueblo, la gente no ha cambiado. Nosotros somos quien lo ha hecho.

Si su relación con esa persona fue en un pasado lejano y no tiene motivos para comunicarse, y la relación se ha acabado y ya está, puede rezar para que esa persona encuentre lo que necesita en su vida

P: ¿Bajo qué circunstancias recomienda usted romper una relación?

R: El momento de romper es el punto en el que usted se da cuenta de que la relación no sirve de nada. La relación no contribuye a una conciencia espiritual, ni siquiera a una conciencia positiva, en las dos personas en cuestión. No libera las mejores fuerzas creativas en cada una de las personas y una de ellas pudiera estar invadiendo la razón de ser de la otra.

Personalmente, yo no consentiría que nadie invadiera mi libertad de ser quien soy. No me importa ser flexible, maleable, hacerme a un lado. No me opongo a ponerme en un segundo plano para que otra persona pueda crecer. Pero llega un momento en que la gente consigue eclipsar el sol de la presencia espiritual de uno mismo, hasta el punto de afectar la propia capacidad de funcionar. Yo no lo permitiría y eso es mi libre albedrío, algo que considero esencial.

Otro motivo para romper sería cuando la relación produce cualquier cualidad negativa o cuando uno se da cuenta, en uno mismo o en la otra persona, de que existe una reducción constante de la alegría de la vida. Algunas veces nos abatimos o deprimimos. Eso puede ser porque hay algo dentro de uno mismo o de los dos que va en detrimento del desarrollo y la realización del potencial que tiene el compañero o la compañera de ser la parte superior y mejor de sí mismo.

También se puede romper con alguien porque uno se da cuenta de que la finalidad de la relación ya se ha cumplido. Algo se ha conseguido, las dos partes se han beneficiado y ya no parece que haya ningún beneficio o interés mutuo.

P: ¿Cómo se sabe cuándo el karma de uno en cierta relación se ha terminado?

R: Una relación en particular puede llegar a una resolución. Puede recorrer toda la gama —desde una relación de amor intenso hasta una con discusiones intensas, quizá una relación de amor-odio intenso— y entonces se llega a un punto de paz y de entrega mutua y de un servicio mutuo. O se puede llegar al punto en que la relación no parece tener ninguna finalidad más, lo cual es una buena forma de terminar.

Algunas veces prolongamos relaciones que no tienen ninguna finalidad porque estamos acostumbrados a esa persona o por dependencia psicológica. Cuando ya no queda karma alguno ni propósito y la relación continúa, es casi como si la hiciera continuar su propio impulso. Uno puede dar un paso atrás y discernir qué está ocurriendo en realidad en la relación para decidir si verdaderamente se ha terminado.

P: **¿Si en mi matrimonio han ocurrido muchos eventos difíciles, estaría yo creando o saldando karma? En nuestra luna de miel nuestro automóvil quedó destruido y perdimos las maletas, y después de regresar a casa perdí mi anillo de bodas. El mismo año, dos parientes cercanos murieron. He roto con él una vez, para después volver. Volví a dejarlo, ¡y ahora me pregunto si hemos incurrido en karma o si hemos saldado karma!**

R: ¡Indudablemente se trata de una situación kármica! Pero, en serio, creo que si usted le ha dejado dos veces, entonces tiene que actuar en base a que, debido a que lo hizo, era lo correcto. Esa es la única prueba que tenemos algunas veces de que algo está bien: «Así lo hice. Así fue como creí que debía actuar». Y hay que tener cierta confianza en el mecanismo interior de nuestro ser.

No puedo decir que usted se equivocara al casarse. No creo que nadie pueda decirlo. Evidentemente hubo un motivo que la empujó a hacerlo. Tales incidencias podrían haber ocurrido tanto si estaba casada como si no. Al fin y al cabo, la gente se muere; hay accidentes en los que se destruyen los automóviles; la gente pierde las maletas, y ocurren muchísimas cosas. Seguro que si se pusiera a pensar ahora en otras seis

cosas buenas que le hayan ocurrido durante dos o tres años, esas cosas fueron buenísimas y maravillosas.

No es inteligente ser supersticiosos en la vida. Si lo somos, entonces ¿en qué punto nos encontramos? No nos conectamos con la ley de Dios, con la roca de nuestro ser.

Creo que usted debe sentirse en paz con las decisiones que ha tomado. Ha tomado decisiones en el camino de la vida. Todo el mundo tiene que afrontar los resultados, el mirar atrás, y pensar: «¿Hice bien en hacerlo así? ¿Tendría que haberlo hecho de otra forma?». Cuanto más piense en ello, más se quedará estancada en el pasado. Y no vive en el pasado, vive en el presente. Tiene que ir hacia adelante.

Tiene que creer en sí misma, creen en su sendero y creer que Dios la está guiando. Entonces podrá decir: «Bien, he cerrado esa puerta detrás de mí. Dios, abre la siguiente. Estoy lista para atravesarla». Tenga en su corazón una decisión absoluta de que la siguiente puerta se abrirá y se dirigirá hacia donde debe dirigirse. Y si esa persona debe quedarse al otro lado de la puerta, ahí estará. Y si no está, pues no está, y será probablemente porque no tienen nada en común y no lo tendrán hasta que usted se transforme y él se transforme.

Por tanto, no deje que las dudas, el temor y la ansiedad le estropee el día y le haga dudar de sí misma: «¿Hice lo correcto o no hice lo correcto?». Tenga el valor de comenzar de nuevo, totalmente de nuevo.

RELACIONES DIFÍCILES

P: ¿Cómo debo manejar una relación en la que la otra persona se enoja con frecuencia y eso hace que yo me enoje también?

R: Hace muchos años, al lidiar con la ira, me di cuenta de que, en el momento de dar rienda suelta a la ira, hay un instante en el que existe la oportunidad de decidir no darle rienda suelta, no dejar que la ira se exprese para herir a los demás. Y me di cuenta de que, teniendo una opción, si no la ejercía, incurría en un karma enorme.

Y así empecé un proceso de autoobservación. Cuando veía que estaba a punto de expresar ira, irritación o cualquier otra emoción parecida, me daba cuenta de que tenía que parar, cambiar de marcha y centrarme. No debía permitirme dar rienda suelta a la ira, por el motivo que fuera.

Esto supone una de las liberaciones más grandes que podemos conocer, tener bajo control la ira si queremos, si estamos decididos a hacerlo. Y no se trata de forzarnos a hacerlo, sino de interiorizar el Yo Real. Todos los días debemos decidir: «¿Me voy a molestar con esa persona o me voy a alegrar por poder enviar amor a ese corazón y así consumir la ira?». Debemos preferir el amor ideal antes que nuestros problemas, nuestras desgracias, nuestras penas, todas las cosas que nos acosan como seres humanos.

Podemos aprender a controlar la ira manteniendo la boca cerrada. Es un recurso temporal. Uno decide no abrir la boca y no decir nada de lo que pueda arrepentirse, nada que pueda herir a nadie, que pueda incurrir en karma, que suponga una ofensa contra el Dios vivo. Es mejor enfurecerse en silencio que decir cosas que nos costarán caras.

Usted puede llegar a la causa y el núcleo de la ira realizando un trabajo interior y haciendo terapia si fuera necesario. ¿Por qué está enojado? ¿Es por esta vida? ¿Es por sus padres? ¿Es por el empleo que no consiguió? ¿Es la oportunidad que perdió, el dinero que perdió?

La habilidad de un psicólogo inteligente, que entienda el sendero espiritual, a veces es necesario para ayudarnos a deshacer antiguos patrones y crear nuevos. Su alma tendrá respeto por un profesional cualificado. Puede pedirle a su Yo Superior que le guíe para encontrar al psicólogo adecuado que le ayude a trabajar con esa persona. Es importante confiar en su propia intuición y en su primera impresión cuando empiece a trabajar con un psicólogo.

Al final, usted tiene que estar decidido a que la ira no lo dominará ni lo controlará. La llama violeta y otras oraciones también le pueden ayudar a liberarse de la ira. Puede tomarse un momento, detenerse, respirar profundamente y decir desde su corazón: «¡Paz, aquiétate y sabe que YO SOY Dios!».

P: **¿Qué puedo hacer si he copiado los aspectos psicológicos de mi padre y eso me entorpece? Mi padre tenía una personalidad muy fuerte y, al mismo tiempo, era un incapaz en muchos sentidos. Así es que siento un bloqueo que no me permite confiar en que puedo abrir mi corazón, porque me imagino que Dios Padre está conectado con la experiencia que tuve con mi padre.**

R: Podemos llegar a un punto en el que ya no aceptamos la idea de que somos como somos debido a cómo nos trataron nuestros padres. Aunque hayamos sido así por un tiempo, teniendo un sendero espiritual, podemos saber que nuestro verdadero Padre y nuestra verdadera Madre están en nuestro interior. Es útil que pongamos en perspectiva las ideas que tengamos de nuestros padres y que lleguemos al punto en que amemos sin esperar nada a cambio. Esto puede darnos un gran sentimiento de libertad.

Llega un punto en que hay que saber que, en última instancia, el amor genera amor. Hay que alimentar la bomba. Empezamos en el pozo, donde no tenemos agua, y continuamos bombeando más y más y al final conseguimos sacar agua.

El flujo del amor se interrumpe si preguntamos: «¿Alguien me dio las gracias? ¿Alguien me valoró? ¿Me van a devolver lo que di?». Hay que dar y dar y dar, y lo que nos devuelven no viene de alguien incapaz, viene de nuestro Yo Superior.

Su Yo Superior comprende el problema. Usted se puede comunicar con ese instructor. Dios le da a usted ese instructor, el cual tiene todas las respuestas que necesita en su vida. Ya no tiene por qué sentir lástima de usted mismo, despojado, solo o indeciso.

Dar amor es como ser enfermero o alguien que constantemente se interesa por las necesidades de los demás y siempre satisface esa necesidad. Y poco a poco descubrirá que al seguir dando, de repente muchas clases de personas se harán amigas suyas. Pero no serán relaciones posesivas, y Dios le devolverá a usted su amor a través de la gente y de sus ángeles. Mediante muchísimas situaciones en la vida, Dios siempre le dirá cuánto le ama, si usted escucha.

Entonces, creo que usted debe quedarse en paz y aceptar el amor de Dios todos los días. Y cada día puede añadir a su tesorería más imágenes del padre y la madre, las que reflejen al Dios Padre-Madre, imágenes que sean bellas, quizá de la vida de los santos y otros, para que aporten las cualidades que faltaron en su padre. Esto elevará el alma de su padre y le aportará a usted más plenitud.

P: **Tengo un bloqueo que no me deja perdonar a mi madre porque no la respeto. Mis padres se divorciaron cuando yo tenía doce años y tuve la impresión de que ella fue irresponsable e inestable. Realmente quiero perdonarla para que eso no afecte a mi matrimonio.**

R: ¿Puede usted perdonar a Dios por darle esta madre en esta vida?

P: Sí.

R: ¿Quién es él?

P: ¿El Todopoderoso, la presencia de Dios, el Yo Divino de mi madre? No lo sé.

R: Usted. Es la ley de Dios operando en su vida, su propio karma, lo que le dio a su madre en esta vida. Debido a su karma y sus acciones usted tuvo que tener esta madre.

¿Puede perdonarse a sí mismo por darse esta madre en esta vida? En realidad, la persona a quien no perdona es usted mismo. Usted sembró lo que cosechó en el pasado, y la cosecha es tenerla como madre en esta vida.

Ahora bien, primero tiene que perdonarse a sí mismo por sus acciones y el karma que le dieron a esta madre. Y cuando haga eso, habrá perdonado a Dios, que puso en movimiento la ley del karma. La ley de Dios del karma ha funcionado irrevocablemente en su vida porque su propia alma lo exigió.

Luego puede rezar pidiendo perdón continuamente por proyectar sobre los demás los rasgos que ha encontrado en su madre. Después de eso, puede enviar perdón a su madre. Puede enviarlo con las alas de las esferas de llama violeta que estallan con perdón.

Su alma ha deseado ver y afrontar aquello que le ha mantenido cautivo en este planeta. Por eso Dios ha dicho: «Te lo voy a enseñar. Saldrás del vientre del karma que tú mismo creaste, la manifestación de la madre que tú mismo creaste. Saldrás de ti mismo y te afrontarás a ti mismo. Y verás lo que más te disgusta en todo el universo, que es el abuso que hiciste en el pasado de las energías de la madre». Al recibirlo, usted reconocerá exactamente aquello que ya no desea atribuir a Dios. Usted amará a Dios por darle la oportunidad de ver esto y también se amará a sí mismo por aceptar el desafío.

Se separará de esos actos del pasado y dirá, como Mark nos recordaba: «Me he equivocado. La equivocación no tiene nada bueno, pero yo soy bueno porque Dios me creó». Y entonces se puede decir a sí mismo: «Yo hice todas esas cosas que veo en mi madre. Voy a mandar millones de esferas de llama violeta a mi karma. Todo el mundo en este planeta se verá bendecido porque estoy limpiando esas cosas que hice. Y estaré tan lleno del perdón de Dios, que iré a ver a esa pobre mujer, que también es cautiva de los mismos actos de los que yo una vez fui prisionero; e inundaré su ser de perdón, tanto que, si fuera posible, rompería las bandas de hierro de su karma y la liberaría para que pudiera llegar a su Yo Superior».

Esto último será posible solo con el consentimiento y el esfuerzo del libre albedrío y el alma de su madre. Y si es posible, usted derramará muchísimo perdón sobre ella, porque comprende que ella misma se ha hecho prisionera de un modo parecido. Y quizá, incluso las cosas que usted le hizo a ella cuando fue su hija en otra vida son las mismas que ocasionaron que se haya comportado con usted de la manera en que lo ha hecho en esta vida.

Pronto usted se verá de rodillas ante el Yo Superior de su madre, y le dirá a ella: «Por favor, perdóname por mi falta de perdón. Por favor, perdóname por cualquier situación que haya creado y que haya sido un trastorno en tu vida, lo cual originó que en esta vida me desgarraras».

Usted habrá perdonado a su madre perdonándose primero a usted mismo y perdonando a Dios. Entonces le habrá pedido a su madre que le perdone. Esta intención y este acto de perdón darán comienzo a un ciclo que continuará curando a su madre y a la madre dentro de usted.

TERCERA PARTE

SEXUALIDAD
y
ESPIRITUALIDAD

Nuestra energía sexual se puede entender como energía sagrada o fuego sagrado. Es la energía de Dios, la mismísima energía de la creación.

CAPÍTULO 6

EL SEXO *y el* FLUJO *de la* ENERGÍA

*T*al como vemos a nuestro alrededor, la sociedad de hoy día está saturada de un énfasis en el sexo y la libertad de hacer lo que queramos. Esto influye en las personas, que quedan atrapadas en querer expresar la sexualidad de varias formas, tan diseminadas y tan comunes que es fácil suponer que sean la única opción natural que existe. Puede parecer que esa sea la forma en que siempre ha sido, pero no es así.

Muchas culturas y religiones han ofrecido a lo largo de la historia enseñanzas eternas sobre otras opciones, que incluyen la dedicación de las energías a una vida espiritual. El hilo común en este caminar interior proviene de varios pueblos de distintas épocas y de todo el planeta. Hindúes, budistas, taoístas, judíos, cristianos, musulmanes y otros que persiguen un sendero místico han llegado, todos ellos, a la siguiente conclusión esencial: la meta suprema en la vida (y por tanto, el uso de la energía de nuestra vida) es la conexión y la unión con Dios.

EL FUEGO SAGRADO

Nuestra energía sexual se puede entender como energía sagrada o fuego sagrado. Es la energía de Dios, la mismísima energía de la creación. Es la energía que nos bendice con una descendencia en forma de hijos, así como la descendencia de la mente y el corazón, que aparece como creación del Espíritu. Es la energía creativa la que produce el arte, la cultura, la enseñanza, la ciencia, la tecnología y la satisfacción personal. Nos fortalece, nos cura físicamente y nos capacita para producir nuestros talentos personales y nuestro ingenio creativo.

Este hermoso fuego sagrado brilla como la luminosidad representada alrededor del Buda y los santos. El fuego sagrado es una vestidura de luz que el alma necesita para elevarse espiritualmente y conectarse con su Yo Superior. Es la luz de nuestra alma que se convierte en un imán y que, poco a poco, disminuye la tenacidad de nuestros lazos kármicos y transforma nuestra conciencia.

Cuando nacemos, recibimos una cantidad determinada de fuego sagrado en base a cómo hayamos utilizado la energía en vidas anteriores. Así, venimos a esta vida con cierto cociente de luz. Podemos gastarla y quedarnos con poca, y a la gente que hace esto le llega pronto la vejez. O podemos conservar la luz. Podemos elevar las energías sagradas y así conservar esta luz y vitalidad en nuestro cuerpo.

El fuego sagrado no solo se libera con la unión sexual, sino que también se usa en cada momento de nuestra vida. Se utiliza en todo lo que hacemos y en todo lo que creamos. Y creamos en todo momento. Gastamos ese fuego sagrado con nuestras emociones, nuestros pensamientos, nuestras palabras y nuestras actividades físicas del día a día. Cuando se utiliza en la unión sexual, su culminación suprema se produce al tener hijos dentro del círculo del matrimonio dedicado a Dios.

La palabra «sexo» se puede entender como una abreviación de

«energía sagrada en movimiento», representando la x el intercambio o movimiento del fuego sagrado. Así, la práctica del sexo es el uso de la energía sagrada de la vida. La finalidad de la unión sexual sirve para que esta energía fluya. Esta desciende para alimentar el cuerpo y luego, inmediatamente, se eleva otra vez. Esto también equilibra las energías entre el hombre y la mujer en el estado matrimonial.

Cada descenso y cada elevación de la energía que comparten sirve, en útlima instancia, para una realización más grande del Yo Superior de ambos. La energía desciende para la expresión del amor en este plano; se vuelve a elevar para la asimilación de una conciencia de Dios interior más elevada y hermosa. Por tanto, el sexo es mucho más que una simple experiencia entre el hombre y la mujer. Es una experiencia íntima con la luz y la energía de Dios.

La perspectiva que yo tengo sobre el uso del fuego sagrado proviene del punto de vista del alma que está sobre el sendero hacia la reunión con su llama gemela y con su Dios. Por tanto, yo no veo el sexo como algo que esté bien o mal, ni como una cuestión que produzca sentimientos de culpabilidad o vergüenza, sino que lo veo como la energía de Dios. Y cada persona tiene el don del libre albedrío que Dios le ha dado para decidir qué quiere hacer con esa energía.

EL SEXO *y la* INOCENCIA *de* SU ALMA

Al nacer y durante la infancia, el alma está vestida con velos de inocencia. Esta inocencia da al niño la capacidad de tener un «sentido interior». Este sentido interior capacita al niño para que tenga un contacto directo con su alma.

Para mucha gente no hay nada más valioso que un niño pequeño, porque el alma es muy evidente en el niño. Amamos a los niños pequeños porque nos ayudan a ponernos en contacto con nuestra alma y nuestros principios, cuando la vida era dulce, no teníamos ninguna preocupación y aún no teníamos el mundo sobre nuestros hombros.

La inocencia aumenta la intuición del alma y su deseo natural de buscar la reunión con Dios. Este sentido se puede conservar a medida que el niño va madurando, ganando conciencia y se integra más con su Yo Superior, mientras se van retirando gradualmente las fundas de la inocencia. Pero cuando los niños son expuestos prematuramente a temas sexuales, los velos de la inocencia son retirados, a veces de forma abrupta y llena de conmoción. Con el tiempo esto puede insensibilizar al alma respecto de su inclinación natural a elevarse y ello puede empujarla a buscar el amor a través de las experiencias sexuales. Así, el deseo natural del alma de conseguir la plenitud del fuego sagrado se traduce en el deseo de sexo, mientras que el verdadero anhelo del alma es hacia la dicha del fuego sagrado elevado.

Los padres y los jóvenes adolescentes necesitan este conocimiento del fuego sagrado. Deben entender que el sexo, tal como se practica hoy día en la Tierra, se le impone a la gente como la suprema experiencia humana, y ese mensaje llena nuestra cultura a través de los medios de comunicación, la música y la educación. Se inculca a las personas que deben creer que no son normales a menos que tengan relaciones sexuales o practiquen otras costumbres sexuales con frecuencia. La gente absorbe automáticamente estos mensajes que están siempre presentes, en especial la gente joven, que es primordialmente vulnerable.

LOS SIETE CHAKRAS *y el* FUEGO SAGRADO

¿Cómo podemos restaurar la inocencia y la plenitud del alma? ¿Cómo podemos conservar y expandir el fuego sagrado en vez de gastarlo de las formas en que lo representa nuestra cultura moderna?

El fuego sagrado se mueve en nosotros según la ciencia del flujo de la energía. Tanto si estamos casados, somos célibes o estamos en un punto intermedio, el flujo vital de esta energía es una clave para nuestra vitalidad y plenitud.

Cuando nacemos, el fuego sagrado se eleva de forma natural

en el altar de la columna. Posee un hermoso patrón ascendente y descendente, y esta luz alimenta todo nuestro cuerpo. Los órganos son alimentados. Poseemos energía ilimitada. Aprendemos a gatear. Aprendemos a andar. Absorbemos una enorme cantidad de conocimiento. Y nos desarrollamos a pasos agigantados porque esta energía sagrada está dentro de nosotros. Nos han dotado de ella. Y dependiendo de nuestras vidas pasadas, podemos tener una enorme cantidad de luz o podemos tener menos luz.

Esta luz fluye a través de los *«chakras»*, o centros espirituales de energía, dentro del cuerpo. Los chakras (en sánscrito, 'rueda' o 'disco') son centros de energía que se corresponden con varias glándulas y zonas del cuerpo. Estos dinámicos centros de energía absorben, almacenan y envían constantemente energía espiritual y luz. Esta luz-energía ha sido denominada fuerza vital, energía de la vida o prana. Es decir, los chakras son estaciones emisoras y receptoras de energía.[1] (Véase lámina 6).

A cada instante, desde nuestra Presencia Divina y a través de nuestro Yo Superior, desciende hacia nosotros una corriente clara como el cristal. Esa energía es distribuida primero a nuestro chakra del corazón y después a los demás chakras. Estos actúan como transformadores de esa energía de la vida, esa luz espiritual, vigorizando nuestra memoria, nuestra mente, nuestros sentimientos y deseos así como las mismísimas células y los órganos de nuestro cuerpo físico.

Existen siete chakras principales: la coronilla, el tercer ojo, la garganta, el corazón, el plexo solar, la sede del alma y la base de la columna. Situados a lo largo de la columna vertebral, son invisibles para el ojo físico, pero nuestra vida y nuestro progreso espiritual dependen de su vitalidad.

Cada chakra tiene una función y frecuencia únicas, y representa una cualidad distinta de la conciencia de Dios, que nosotros debemos emular y absorber a medida que evolucionamos en nuestro viaje espiritual. Tales diferencias las denotan el color y el número de pétalos de cada chakra. Cuantos más pétalos tiene un chakra, más alta es su frecuencia. Y cuanta más energía fluye por ese chakra, más rápido gira.

Debido a las interacciones negativas con otras personas a lo largo de nuestras muchas vidas, se han acumulado residuos kármicos alrededor nuestros chakras. Estos residuos son como las hojas que atascan el desagüe después de la lluvia. Para que el agua pueda fluir bien por el desagüe, tenemos que limpiarlo de hojas.

De modo parecido, para que la luz de Dios fluya por nuestros chakras, tenemos que limpiarlos de los residuos que se adhieren a esos centros sagrados. Cuando nuestros chakras están atorados, nos podemos sentir perezosos, pesimistas o enfermos sin saber por qué. Cuando nuestros chakras y los circuitos de energía que los conectan están limpios, nos sentimos más energizados, positivos, alegres y generosos.

A medida que nos desarrollamos espiritualmente, los chakras sufren un proceso evolutivo. Van desde el más pequeño y latente hasta el que está completamente despierto, cuando emiten mucha luz. Estos centros pueden tener una apariencia distinta en distintas personas, dependiendo del uso que hayan hecho de la energía en el pasado y el presente, así como su fase de desarrollo espiritual.

De igual modo que aspiramos y expiramos por la boca, todos los chakras absorben y emiten las energías de Dios según la frecuencia de cada uno de ellos. Cuando la luz sale de nuestros chakras, forma un campo energético irradiante, o aura, que penetra y se extiende más allá de los límites de nuestra forma física. Con estos siete centros del ser podemos enviar luz al planeta.

Sentimos la energía en cada uno de los chakras de una forma singular. Por ejemplo, el amor de nuestro chakra del corazón nos inspira la compasión y generosidad para cuidar con amor de los demás. Cuando nos concentrados para estudiar, nuestra energía se focaliza en el chakra de la coronilla, donde entramos en contacto con la mente de Dios y recibimos destellos repentinos de iluminación o claras percepciones.

La singularidad de cada chakra se manifiesta en características específicas. El **chakra de la coronilla** es el chakra de la iluminación, que regula las facultades mentales y la memoria. Es amarillo y está ubicado en la parte superior de la cabeza, en la coronilla. Tiene 972 pétalos, lo cual se refleja en su nombre, el «loto de mil pétalos». La iluminación del Buda proviene de la emisión de la luz del chakra de la coronilla. Es la experiencia de saber todas las cosas sin que nos instruyan ni nos las enseñen.

Chakra de la coronilla

Chakra del tercer ojo

Chakra de la garganta

Chakra del corazón

Chakra del plexo solar

Chakra de la sede del alma

Chakra de la
base de la columna

El **chakra del tercer ojo** se ubica debajo del chakra de la coronilla, en el centro de la frente. Es verde esmeralda cuando está purificado y tiene noventa y seis pétalos. El chakra del tercer ojo tiene la función de afianzar la visión de Dios, la visión de la perfección. Un chakra del tercer ojo purificado nos da la capacidad de ver con nuestro ojo interior, tener el don de la vista interior.

Después viene el **chakra de la garganta**, que se encuentra sobre la garganta física. Tiene dieciséis pétalos y es de color azul. Es el chakra del poder o el sitio del otorgamiento de poder, a través del cual se expresan grandes cantidades de energía mediante la capacidad que el hombre tiene del habla. Haciendo un uso disciplinado del poder del chakra de la garganta mediante oraciones, mantras y otras formas de la palabra hablada, podemos realizar un importante progreso en el sendero espiritual.

El órgano esencial y más importante del cuerpo es el corazón; y, del mismo modo, el chakra esencial y más importante es el **chakra del corazón**, de doce pétalos. Desde el chakra del corazón se distribuye la mismísima energía de la vida hacia los demás chakras, así como hacia todas las células y centros nerviosos del cuerpo. Es ahí donde los fuegos rosados del amor arden radiantes desde nuestro interior. El chakra del corazón es enormemente sensible y debe ser protegido de las energías negativas, como la ira o la irritación.

El **plexo solar** es el primer chakra que tenemos debajo del corazón. Tiene diez pétalos y sus colores son una combinación de morado intenso y oro metálico. Está ubicado en el ombligo y se corresponde con un centro nervioso cercano. La mayoría de nosotros hemos sentido un «cosquilleo» o esa conocida incomodidad «en el estómago». Los chakras del plexo solar y la garganta están relacionados íntimamente. En cuanto el plexo solar se agita, el tono de voz y su volumen frecuentemente suben. Los sentimientos de inquietud o temor así como los de paz y devoción se filtran por este centro.

En el plexo solar es donde nuestra alma aprende a cultivar la paz interior mediante la maestría de sus emociones y deseos, mientras afronta las pruebas de su karma. Dominar las emociones no quiere decir que no las tengamos. Emoción («e-moción») es simplemente «energía en movimiento». Podemos utilizar nuestra energía en movimiento para amplificar sentimientos positivos o discordantes. Lo que se necesita para dominar nuestras emociones y la energía del plexo solar es el amor y el fuego del corazón.

El **chakra de la sede del alma** está ubicado entre el ombligo y la base de la columna, y es la morada del alma. Este chakra gobierna el flujo de la luz y los patrones kármicos en los genes y los cromosomas, así como en el esperma del hombre y en el óvulo de la mujer. Es un chakra violeta de seis pétalos y se lo denomina chakra de la libertad, porque el violeta es el color de la libertad, la transmutación y el perdón. Cuando somos capaces de conectarnos con nuestra alma a través de este chakra, conseguimos tener un mayor sentido de la intuición, que es como tener un sexto sentido. Por ejemplo, puede ser un sentido de protección propia que nos dice cuándo algo no está bien. Tales sentidos intuitivos del alma pueden desarrollarse con la práctica.

El último de los siete chakras es el **chakra de la base de la columna,** que contiene el fuego sagrado de la luz de la Madre, llamado kundalini en la tradición oriental. La vitalidad del chakra de la base de la columna afecta a los demás chakras. Algunas cualidades de este chakra son la pureza, la armonía, el orden y la simetría. Su color es el blanco y tiene cuatro pétalos.

LAS ENERGÍAS KUNDALINI

Hay tres energías de la kundalini que se elevan desde el chakra de la base de la columna y fluyen en la columna y alrededor de esta. En sánscrito se las denomina *idā, pingalā,* y *sushumnā.* Sushumna fluye a través del centro de la columna; ida y pingala lo hacen por el exterior, conteniendo las corrientes masculina y femenina. Con cada vida, sea como hombre o como mujer, recibimos cierta carga de energías de la kundalini en el chakra de la base de la columna. Las corrientes ida y pingala alrededor de la columna contienen una carga distinta dependiendo de si somos hombre o mujer.

Las energías kundalini se elevan de manera natural desde el chakra de la base de la columna a medida que nuestros chakras se purifican y el amor de nuestro corazón se expande. Al elevarse la kundalini, cada chakra siente el efecto de esta luz y los chakras, a su vez, comienzan a girar. Levantan sus pétalos, indicando el despliegue de nuestros poderes espirituales latentes con los que podemos comenzar a tener profundas experiencias interiores con los misterios de Dios. Porque los chakras son centros sagrados de la conciencia de Dios.

El estado natural del alma es la plenitud y esta se mantiene mediante la elevación de la luz de la Madre desde la base de la columna hasta la coronilla, donde se une a la luz del Padre. Hay factores de equilibrio, como el ejercicio, el hatha yoga, la meditación, la alimentación correcta, el aire fresco y la comunión con la naturaleza, que contribuyen a que la luz fluya por los chakras. También se puede elevar la luz mediante meditaciones específicas, así como con la oración y, de más importancia, la purificación del corazón y otros chakras con la llama violeta. Todo lo que hagamos para permitir este flujo nos beneficiará y nos proporcionará una mayor intuición y conciencia anímica.

Cuando el fuego sagrado del chakra de la base de la columna se conserva y se consagra a la vida, este late y se eleva. Dependiendo de cómo haya acumulado esa luz la persona en cuestión, el flujo será grande o pequeño. Si las corrientes de la kundalini se debilitan debido a prácticas sexuales excesivas o exacerbadas, el equilibrio y la elevación de nuestras energías disminuye y el sendero del alma hacia la plenitud y la reunión con su Yo Real se obstaculiza.

Por ejemplo, la práctica del yoga tántrico en el que el hombre y la mujer se ponen cara a cara y meditan en los ojos de la otra persona para forzar la elevación de esta luz, no sería recomendable. El forzar que la kundalini se eleve prematuramente antes de que nuestros chakras estén equilibrados y limpios puede activar energías negativas, especialmente en los chakras inferiores. Por tanto, ello puede interferir con nuestro progreso espiritual.

La kundalini se elevará de forma gradual por sí sola cuando el flujo no tenga obstrucciones y cuando utilicemos ejercicios espirituales para elevar la luz de la Madre. Las energías sagradas fluirán hacia arriba de manera segura porque ese es el curso natural de la energía. Es la energía de Dios y esta regresa hacia Él. (Véase capítulo 8).

EL REJUVENECIMIENTO *del* FUEGO SAGRADO

Los chakras que se encuentran por encima del corazón poseen la polaridad masculina (más), que corresponden a las energías del Padre. Los chakras que están por debajo del corazón poseen la polaridad femenina (menos), que corresponden a las energías de la Madre.

Ustedes pueden visualizar el flujo de estas energías como una figura en forma de ocho, donde el círculo superior representa los chakras superiores y el círculo inferior representa los chakras inferiores. El nexo donde los círculos se encuentran representa el chakra del corazón.

En este flujo en forma de ocho, las
energías se mueven en sentido de las
agujas del reloj, desde la parte de arriba del círculo superior, a través del
punto de conexión del corazón, diri-
giéndose hacia abajo, hacia la parte
más baja del círculo inferior. Luego se
mueven en sentido contrario a las agujas del reloj, cuando vuelven a subir. La
luz de los chakras inferiores se eleva
para energizar los chakras superiores y
la luz espiritual de Dios desciende para
limpiar los chakras inferiores. En este
flujo, los chakras superiores son alimentados por la expansión de la conciencia de Dios en nosotros, la luz se
eleva continuamente y nosotros somos
continuamente rejuvenecidos. En el

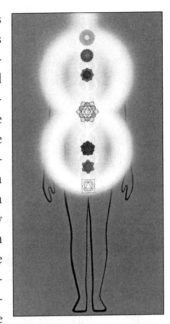

*Flujo de la energía en forma de ocho
a través de los chakras*

nexo, nuestro corazón se convierte en una fuente de amor, incluso en
un amor abrumador hacia los demás. Este intenso amor lo podemos
sentir y expandir enviándolo para que bendiga todo lo que tiene vida.

Se produce una cierta realización de plenitud en cada chakra
cuando la luz del Padre, nuestra Presencia Divina, desciende y llena
nuestros chakras con la polaridad masculina, y la luz de la Madre
se eleva con la polaridad femenina. Esta unión de las energías masculina y femenina debe tener lugar no solo en el chakra de la base
de la columna, sino en los siete chakras. La unión de Dios con Dios
en cada chakra es lo que produce la plenitud, y se puede mantener
hora tras hora.

De tal manera, podemos perseguir alegremente el deseo de la
plenitud y podemos experimentarla sin el innecesario gasto de fuego
sagrado. La excesiva actividad sexual nos deja vacíos de nuestra
energía, algo que quizá ni siquiera concuerde con nuestra voluntad

consciente o determinación pero que puede estar provocada por estímulos externos del mundo, a través de los medios de comunicación y la cultura enfocada en el sexo y el placer. Con la expansión del amor y el uso de la llama violeta y otras meditaciones, podemos restablecer el flujo natural de la energía en nuestros chakras.

Puesto que vivimos en una civilización que promueve la promiscuidad, puede que no hayamos recibido enseñanzas sobre el esfuerzo hacia la maestría de la energía. Así, cuando tenemos deseos sexuales, estos no tienen por qué ser malos o impuros. En cambio, nuestros deseos no han sido cultivados según un diseño y un estándar divinos. Aun así, casi todos los deseos que tenemos pueden ser cultivados para que lleguen a ser deseos divinos. Porque las mismas energías que contribuyen al deseo de un encuentro sexual, cuando son espiritualizadas, pueden, en cambio, purificarnos, curarnos físicamente y de todas las maneras, y otorgarnos el poder de utilizar totalmente estas energías en nuestros chakras.

La elevación de esas mismas energías también contribuye a la satisfacción del deseo divino de reunirse con la llama gemela. Cuando ustedes mantienen sus chakras adornados con luz, obteniendo la energía que de otro modo se gastaría en sexo, sus chakras son como rayos de luz que brillan en las ventanas de su ser.

En alguna parte, al otro lado del mundo, alguien, quizá su llama gemela, podría estar reuniendo energía y luz en los chakras. Cuando ustedes alcancen la cúspide de ese tono perfecto en el que sus chakras cantan con la energía de Dios que hay concentrada en ellos, encontrarán a su equivalente divino si este también estuviera concentrando esa energía en cierta cúspide y cierto tono. Y se reunirán gracias a una unión de energías espirituales, lo cual no quiere decir que no vayan a sentir también una atracción física, emocional y mental. Porque la unión tiene lugar en todos los planos.

CAPÍTULO 7

RELACIONES *y* PRÁCTICAS SEXUALES

*U*na vez estaba hablando con unas adolescentes sobre el hecho de que les gusta y está bien salir con muchachos bien parecidos y pasarlo bien. Pero la pregunta es, cuando ellos dicen «te amo», ¿tienen la capacidad de conocerlas realmente? ¿Quieren decir realmente que aman a su alma? Esa es la parte más valiosa del amor de las llamas gemelas. No es únicamente una atracción exterior, aunque ciertamente puede existir un gran tirón y una gran atracción entre las llamas gemelas. Pero lo más profundo acerca de las llamas gemelas es el profundo amor hacia la verdadera esencia del alma de cada una de ellas.

La experiencia de habernos alejado cada vez más de nuestra llama gemela y ese profundo amor supone un dolor para nuestra alma. Así, parte de la búsqueda de nuestra llama gemela consiste en resolver el dolor y la experiencia de la separación. Habitualmente, sin embargo, no recordamos conscientemente lo que hemos perdido o lo que estamos buscando. Así, nuestra búsqueda de un amor perfecto puede llevarnos a encuentros sexuales superficiales, en los que gastamos nuestra fuerza vital, nuestra luz, y nos separamos más de nuestra llama gemela. Una forma en que su llama gemela puede reconocerlos es por su luz. Y por la luz de su llama gemela y la suya propia, ustedes también pueden reconocer a su amado o amada. Sería una desgracia si estuvieran en la misma sala con su llama gemela y no la reconocieran por haber gastado su luz, y si su alma interior y sus facultades espirituales, a consecuencia de eso, no estuvieran aceleradas hasta el nivel de sensibilidad necesario para ese reconocimiento.

ATRACCIONES SEXUALES

Ustedes puede que se acuerden de un amor extraordinario que tuvieron, quizá un primer amor al final de su adolescencia o en la veintena, cuando sintieron que tenían una conexión especial con alguien. Se pudo tratar de amor puro, lleno de un genuino interés y aprecio mutuos. O quizá descubrieran que solo era una atracción sensual y se desanimaron. A medida que van pasando por sus relaciones, es posible que experimenten un difícil proceso de aprendizaje, pero observándose a ustedes mismos y a los demás con detalle pueden refinar su discernimiento acerca de la verdadera naturaleza de una atracción.

En el curso de esta vida conocerán a docenas de personas con quienes han estado casados en vidas anteriores y con quienes han tenido relaciones sexuales. Tales encuentros tienen lugar de forma natural, porque existe una energía que ha de ser equilibrada entre los dos. Aunque conocerán a personas así inevitablemente, ello no es necesariamente señal de una alianza duradera con un propósito constructivo.

Una atracción instantánea no indica en sí misma que nos hayamos encontrado con nuestra llama gemela o nuestra alma compañera. En cambio, puede ser una señal de que, en nuestro regreso a

Dios, tenemos karma que saldar. Algunas veces la atracción es más fuerte y excitante que el propio sexo. La gente puede llegar a creer que, debido a la intensidad de la atracción, esta debe ser real, en vez de ver que, debido a la intensidad de la atracción, debe ser irreal. Así, podemos sentir atracciones sexuales hacia otras personas incluso cuando sabemos que no nos conviene. Quizá sintamos una desigualdad con respecto a ellas, que de algún modo están mucho más evolucionadas que nosotros o que nosotros estamos más avanzados que ellas. Podemos tener sentimientos negativos siempre que estamos con ellas. Cuando sintamos cosas así, es útil recordar que hemos incurrido en karma con gente, un karma muy fuerte. Las atracciones intensas pueden indicar una enorme necesidad de amor para resolver esta clase de karma intenso.

Las atracciones pueden llegar a ser tan abrumadoras que nos hagan sentir que no podemos oponernos, lo cual se convierte en una relación sexual. Una atracción así puede comenzar con aprecio e interés, pero puede terminar en ira o agresión, porque no hemos crecido lo suficiente para saldar el karma y curar la relación. Así, una relación sexual no tiene por qué saldar karma en absoluto. Lo que salda el karma es el fuego sagrado del amor del corazón, y pueden dar ese amor con un sincero esfuerzo por elevar a la otra persona.

Existen muchas clases de atracciones sexuales, porque puede tratarse de un gasto energético en uno o más chakras. La siguiente historia es de una mujer que se vio involucrada en un mal uso de la energía a causa de la seducción que surge cuando se comparten las miradas.

Karla tenía veintitantos años, estaba soltera, sola, y tenía la esperanza de que apareciera el hombre para ella. Sentía que no había nadie en su vida que la conociera profundamente ni la comprendiera. Pues bien, el universo quiso, para enseñarle y ponerla a prueba, que un joven atractivo de penetrantes ojos azules entrara a trabajar en la compañía donde ella trabajaba, y los dos se hicieron amigos. Cuando este hombre la miraba con esos ojos tan maravillosos, Karla se sentía como si él pudiera leerle el alma, un sentimiento que ella anhelaba tener; y así, desarrolló una fuerte atracción hacia él. Pensó que la atracción era mutua, porque entre ellos habían desarrollado una costumbre de mirarse a los ojos, lo cual causaba un sentimiento de excitación gratificante entre ellos. Tras algún tiempo, Karla finalmente se dio cuenta de que lo que estaba ocurriendo en realidad era un intercambio de energías sexuales por medio de los ojos, un medio de intercambio de energía sin ninguna satisfacción personal, nada que reconociera su alma, como Karla había pensado. Era solo otra forma de que dos personas, a las que les faltaba la plenitud interior, compartieran una superficial conexión impersonal, dejando en este caso a Karla solo con más sentimientos de vacío. La relación no llegó a nada, pero ella aprendió una buena lección.

Las atracciones pueden amplificarse debido a otros factores, como los comportamientos y las costumbres en el vestir, el coqueteo y las muchas interacciones hombre-mujer que en nuestra cultura se representan como algo normal. Hombres y mujeres pueden justificar racionalmente de mil modos distintos sus costumbres adquiridas, que los mantienen cautivos de una conciencia inferior.

También podemos sentirnos atraídos hacia personas que tengan una personalidad magnética y carismática, basada en el glamour y el atractivo sensual. Hay personas en el campo del espectáculo que tienen estos rasgos. Pueden tener ojos de una cualidad magnética; sin embargo, eso no es el magnetismo de Dios, sino el de la naturaleza inferior. Varios tipos de personas tienen un magnetismo personal porque gastan su luz y energía en el abuso del fuego sagrado y eso aparece en su aura. Puede parecer luz, pero es el magnetismo de la luz gastada lo que atrae a la gente hacia ellas.

Por otro lado, las personas que irradian una energía espiritual vibrante y alegre pueden tener una cualidad atractiva de luz pura. Podemos sentirnos atraídos hacia el sexo opuesto de una forma sana y no erótica. Es una atracción energética por la alegría de estar en polaridad con nuestro amor ideal del otro lado del universo, por así decirlo.

CÓMO DOMINAR *las* ATRACCIONES SEXUALES

Cuando nos veamos fuertemente atraídos hacia alguien, podemos retroceder unos pasos y separarnos de la intensidad de la relación. Podemos ir a la naturaleza o a otro lugar que nos haga sentir bien. Podemos hablar con un amigo o pariente de confianza. Podemos entrar en nuestro corazón y escuchar, profundamente, lo que nos dice nuestra intuición sobre esta relación.

También podemos rezar y llamar al Arcángel Miguel, puesto que él es el arcángel que nos protege y libera de todo lo que nos puede hacer daño. Él me ha liberado de las circunstancias más difíciles, y llega con su espada de poderosa llama azul para liberarnos de todas las clases de peligros y situaciones difíciles, lo cual incluye las relaciones insanas. Si ustedes quieren ser libres y quieren dejar una relación, récenle a él con el simple llamado: «¡Arcángel Miguel, ayúdame!», para que él pueda liberarlos de la atracción que parece que no pueden superar. Luego pueden abandonar la relación, literalmente, y pueden apelar a Dios para que les ayude a resolver cualquier problema residual relacionado con esa relación.

Pueden llegar a saldar ese karma sin involucrarse en abusos pasados del fuego sagrado. Por ejemplo, cuando conozcan a esa persona puede que noten la energía que hay entre ambos y pueden pensar para sí: «Bien, esto es una atracción sensual. Podría no ser nada duradero. Voy a rezar para que cualquier karma del pasado sea transmutado y me voy a esforzar. Y cuando haya hecho esto durante cierto período de tiempo, entonces veré si queda algo de la relación». Muchas veces se darán cuenta de que la relación se habrá disuelto antes de que ustedes se mezclen en ella y se habrán ahorrado el dolor de un corazón roto y el incurrir en más karma.

A lo largo de nuestro camino de vuelta a casa, nos encontraremos con todas las semillas que sembramos en el pasado. Necesitamos esos encuentros porque nos ofrecen la oportunidad de que, tanto nosotros como la otra persona, saldemos ese karma de forma que se pueda lograr una resolución. Y por tanto, podremos seguir adelante por nuestro sendero con un paso más ágil, porque nos habremos quitado de encima un paquete de karma.

Si todos nosotros, especialmente los jóvenes, tan solo conociéramos estos principios de las llamas gemelas, las almas compañeras y las relaciones kármicas, ¡cuántas cosas nos ahorraríamos!

SEXO PREMATRIMONIAL

Desde la perspectiva del alma, las relaciones sexuales antes del matrimonio pueden suponer un desvío del camino para encontrar el amor ideal. Vivir con alguien o tener una aventura amorosa puede añadir un peso kármico que nos puede impedir encontrar el amor con el compañero adecuado. Por un tiempo podrán compartir su karma y aunar recursos para una experiencia que merezca la pena y de la cual disfruten, pero cuando vayan por caminos separados, volverán a su karma individual sin haber saldado más de él.

Cuando una pareja vive junta, las personas comparten su karma sin el círculo protector que proporciona el matrimonio, y por ello no son capaces de saldar mutuamente su karma, como lo harían en la unión de la relación matrimonial. Si la pareja se separa, las dos personas acaban cargando con una cantidad extra de karma de su anterior novio o novia. Así, la cosa se convierte en un peso añadido. También pueden sufrir la dolorosa experiencia de una relación que no ha tenido un amor sincero ni aceptación ni la satisfacción de un matrimonio sano y comprometido, como lo expresa esta joven.

*Como una mujer de veintiséis años de edad que vive
en el mundo actual, me he equivocado algunas veces en lo
que respecta a las relaciones. Antes de madurar lo suficiente como para tomar decisiones, empecé a tener relaciones
sexuales, porque es casi imposible salir con alguien y evi-
tarlo. Ello ha supuesto una experiencia dolorosa que me
ha dejado con muchos sentimientos de rechazo en vez de
sentimientos de haber sido amada. Y eso ha dejado sus
secuelas. Me ha costado años tan siquiera reconocer que
tenía este dolor. El sexo es hoy en día algo tan informal,
que lo consideraba normal y no tenía idea de lo que me
costaría emocionalmente.*

*He dejado las relaciones superficiales y sin sentido,
que me dejan con un vacío, y aunque he tenido un proceso de curación maravilloso, al mismo tiempo también me
ha causado un gran aislamiento. Hace falta mucho tiempo
para curarse.*

Cuando las personas tienen relaciones prematrimoniales, la
mayoría de sus implicaciones sexuales son sencillamente un intercambio de energías a nivel kármico. Las personas asumen los patrones subconscientes de la energía mal cualificada de sus compañeros,
lo cual permanece con ellas. Sin embargo, dentro del círculo consagrado del matrimonio y su sello en Dios, la pareja se ayuda mutuamente a cargar con el karma mediante su amor transformador. La
pareja de casados tiene la oportunidad, mediante la sintonización
espiritual y la elevación de sus energías con la meditación, de espiritualizar su unión.

Si el acto sexual no se espiritualiza, las dos personas pueden
experimentar placer físico, pero el asumir los patrones kármicos del
otro puede tener efectos negativos que pueden ser una carga para el
alma.

Cuando invertimos nuestras energías en el sexo prematrimo-

nial, permitimos que otra persona se ponga en polaridad con nosotros para un intercambio de fuego sagrado. Esto tiene que ver con
una ley de la energía relacionada con la polaridad: las energías femeninas pasan al hombre y las masculinas pasan a la mujer. Y cuando el sexo no se espiritualiza, la polaridad con frecuencia se gasta y
entonces buscamos otro compañero o compañera que tenga un magnetismo o un flujo de energía más grande. Ese magnetismo es sensual y no espiritual.

LA PROMISCUIDAD *y la* EXCESIVA INDULGENCIA SEXUAL

Del mismo modo que el sexo antes del matrimonio aumenta la
carga kármica de la persona, porque esta ha asumido los patrones
kármicos subconscientes del compañero, ese peso kármico se mul-
tiplicaría en el caso de la promiscuidad y la indulgencia sexual excesiva. En tales prácticas, la energía y la luz del fuego sagrado se
disipan constantemente.

El alma necesita de esta energía, este fuego sagrado, para poder
elevarse hacia un nivel superior de conciencia. El gasto de esta energía puede bloquear la natural sintonización del alma con su Yo
Superior. Así, el alma puede quedar privada de su dicha interior del
mundo celestial. Esto supone una gran pérdida, no debido al pecado
o el sentimiento de pecado, sino porque estas experiencias sexuales
se pueden convertir en una cuña entre el alma y Dios.

La promiscuidad puede estar relacionada con la crisis de identidad que sufren quienes tienen relaciones íntimas comúnmente y de
manera informal. Estas personas asumen las identidades kármicas
de tanta gente, que dejan de saber quién son en realidad. El gasto
excesivo de las energías también vacía de luz los chakras, algo que
puede producir problemas psicológicos.[1]

Debido a la soledad y porque nadie les ha presentado una perspectiva espiritual, las personas se sacian con las actividades de esta

vida, algo que puede incluir la promiscuidad. No paran las veinticuatro horas del día porque cuando todo se detiene, les sigue quedando un tormento, una soledad. Esto lo siente aquella alma que no ha sido satisfecha por una dicha espiritual, algo que sí puede ocurrir, diariamente, cuando la luz se eleva.

El otro problema de la promiscuidad es que el deseo de sexo puede llegar a ser adictivo. Cuando más gasten las personas sus energías vitales, más buscarán encuentros sexuales que puedan llenar su vacío, y esto puede convertirse en un círculo vicioso. Se trata de una necesidad de fuego sagrado, el cual ha sido gastado. Esto puede llevar a problemas sociales, como la búsqueda de estimulación sexual a través de la pornografía o incluso el cometer actos sexuales violentos, como la violación o los abusos sexuales.

Es triste ver que hay gente atrapada en esta situación, porque a estas personas les resulta difícil romper la cadena de este hábito de practicar el sexo informal, que es sexo por sí solo, sin ninguna satisfacción emocional. Algunas se encuentran tan atrapadas en esto, que pueden llegar a aparentar mucha más edad, décadas más que otras personas de su misma edad, debido a la enorme pérdida de fuerza vital y por el daño emocional que han sufrido.

LAS ENERGÍAS CREAN PROFUNDOS CANALES

En nuestra civilización moderna, la mayoría de las personas tienen una acumulación de energía en los chakras inferiores, los chakras situados debajo del corazón. Aunque las personas no sean conscientes de ello, con frecuencia sienten que las energías están bloqueadas, son excesivas o están distribuidas de manera desigual por sus chakras. La gente siente esta presión energética y quiere liberarse, por lo que busca varias maneras de lidiar con ello.

Podemos disipar esta energía en cualquiera de nuestros chakras mediante varias actividades. Mientras que algunas personas afrontan este desequilibrio de energía con el sexo, otras se abstienen de él, pero ejercen otros modos de liberar la energía, como criticar, mentir y expresar ira. Beber, fumar y el comer en exceso, incluyendo el consumo exagerado de azúcar, puede estar relacionado con el intento por parte del individuo de manejar las energías que no fluyen. Estos hábitos son una emisión de energía a través de los chakras inferiores o una mala cualificación de los superiores. Y tales hábitos, incluyendo los sexuales, pueden mantenerse vida tras vida.

Así, a raíz de la utilización en el pasado, el hombre ha creado dentro de sí mismo profundos canales hacia los cuales ha dirigido las energías del fuego sagrado, tanto de manera positiva como negativa. Algunas personas pueden tener el hábito de dirigir esta energía hacia el chakra de la coronilla, y frecuentemente se dedican a aprender y a enseñar. Otras la han dirigido hacia el centro del corazón, enviándola como amor hacia su prójimo. Otras personas han dirigido el flujo del fuego sagrado mayormente por los chakras de la base de la columna y la sede del alma; por tanto, por hábito, las energías sagradas de Dios que fluyen hacia esas personas son dirigidas subconscientemente hacia los chakras inferiores. Aunque esto pueda parecer un problema con el sexo, es en realidad un problema de flujo de energía.

Cuando expresamos habitualmente irritación, ira o un abuso de la energía sexual, estamos creando un profundo patrón de energía negativa dentro de nosotros mismos. Pero podemos decidir redirigir esa energía, cerrar un canal y abrir otro. Por ejemplo, si tenemos el hábito de traer y llevar chismes, podemos, suave pero firmemente, abandonar la conversación. Entonces podemos realizar otra actividad que sea más productiva. Incluso podemos utilizar el chakra de la garganta de otra forma: cantando, rezando, haciendo decretos o mantras. Cuando hacemos esto, nos podemos hacer conscientes de una elevación y expansión de nuestra energía, que podrá ser notablemente distinta del sutil vaciamiento de la energía que sentíamos antes. De este modo, formaremos nuevas costumbres.

HÁBITOS SEXUALES QUE CONSUMEN *la* LUZ

Repito que no creo que el sexo esté bien o mal, sino que lo veo como la energía de Dios. Dios nos da el don del libre albedrío, por lo que tenemos la libertad de elegir cómo usar el fuego sagrado y nuestras energías sexuales. Y para algunas personas, comprensiblemente, esto puede ser difícil. Podemos tener hábitos sexuales indeseados provenientes de vidas anteriores y se necesita paciencia para comenzar a cambiarlos. Además, la cultura actual nos ha programado para que creamos que para poder estar equilibrados, está bien ser indulgentes en lo sexual.

Algunos hábitos sexuales que están aceptados y son promovidos como algo natural, incluso como algo sano, no son considerados de igual forma desde una perspectiva espiritual. La masturbación es un ejemplo. Este hábito con frecuencia va acompañado de fantasías sexuales, lo cual enfoca la atención de la persona solo en deseos sexuales. La energía se consume, la misma energía, la kundalini, que podría elevarse hacia una expresión creativa e inspirada divinamente. Cuando se conserva esta energía, la fortaleza y vitalidad de la persona aumentan.

El sexo oral es otra práctica que dirige mal la energía, tanto si la pareja está casada como si no lo está. La mayoría de las personas no se dan cuenta de esto, y por tanto creen que no supone ningún problema. Es especialmente importante para la gente que busca el amor ideal comprender que esta práctica provoca que el flujo de la energía baje, en vez de elevarse en espiral hacia el Espíritu. Esto se debe a la polaridad de las energías en los chakras.

Cuando los chakras del hombre y la mujer están alineados —los chakras superiores con los chakras superiores y los inferiores con los inferiores— la polaridad masculina y femenina en cada chakra se intercambia y el fuego sagrado puede subir. Durante el sexo oral, los chakras superiores se alinean con los inferiores en un momento en que las energías sagradas están siendo emitidas para la creación. La kundalini no se eleva y las energías permanecen en los chakras inferiores. Cuanto más se gaste la energía de la persona en esta emisión descendente, esta práctica drenará más la luz.

Aunque mirar pornografía no es una realización física del acto sexual, mirar pornografía con lujuria también consume el fuego sagrado. Allá donde vaya la atención, allá va la energía de la persona. Así, las energías de los chakras entran en funcionamiento, incluso si la persona no está realizando un acto sexual físicamente. Al tener sentimientos sexuales, la persona sigue disipando cierta cantidad de energía.

HÁBITOS TRANSFORMADORES

Cuando nos damos cuenta por primera vez de que hemos estado utilizando mal nuestra energía de formas y en grados que son perjudiciales, puede parecer fácil criticarnos a nosotros mismos. Pero el mal uso es comprensible si hemos desarrollamos esos hábitos cuando no hemos sido conscientes de que son un problema, cuando no sabemos por qué ni cómo cambiarlos y cuando se han visto reforzados, incluso alentados, en la cultura que nos rodea.

Cuando tenemos una comprensión superior, nos podemos alegrar de tener un nuevo conocimiento y podemos tener paciencia con nosotros mismos mientras pasamos por el proceso de cambiar nuestros hábitos. Con el conocimiento de que los hábitos sexuales son una cuestión de flujo de energía, podemos experimentar con un cambio de flujo de energía. Tenemos la oportunidad de redirigir, elevar y expandir la energía, la luz, dentro de nosotros. Conseguir la maestría sobre nosotros mismos de esta manera puede ser una experiencia emocionante y gratificante. ¡Solo piensen en la diferencia que puede suponer para ustedes el asumir el mando sobre la luz maravillosa de Dios que fluye a través de ustedes cada día!

Aunque es importante que seamos conscientes de nuestras necesidades y deseos biológicos, no tenemos que ser gobernados por nuestros deseos exacerbados ni los hábitos que buscan el placer. Tenemos el libre albedrío para elegir cómo nos vamos a relacionar con la vida y redirigir lo que consideramos como nuestros deseos inferiores hacia expresiones más elevadas del deseo divino, para la realización de nuestras aspiraciones espirituales.

Todos sabemos que es mucho más fácil correr cuesta abajo que hacerlo cuesta arriba. Y es mucho más fácil nadar con la corriente humana que ir en dirección contraria. Esto también puede aplicarse cuando queremos romper un hábito negativo.

¿Cómo podemos empezar a formar un buen hábito? Comenzamos a formarlo haciéndolo. Cualquier cosa que hagamos que sea verdaderamente beneficiosa, que produzca resultados beneficiosos, eso mismo podemos repetirlo. Cuanto más repitamos el buen hábito, más profundo se hace el surco en nuestra memoria. Y al hacerse más profundo el surco, tendremos la tendencia de repetir ese hábito con más facilidad.

Lo primero que podemos hacer es afirmar para nosotros que queremos romper cierto hábito. Nos podemos preguntar cómo le dimos comienzo, para empezar, y la respuesta, por supuesto, es que comenzamos ese hábito haciéndolo. Para poder romper el hábito, simplemente hemos de comenzar a decirnos que no lo queremos hacer más. Esto establece nuestra motivación y nuestra voluntad.

Así, dejamos de hacerlo una vez y luego, dejamos de hacerlo por segunda vez. Y al cabo de un tiempo nos damos cuenta de que ya no necesitamos ese hábito, y eso queda inculcado en nuestra memoria. Eso proporciona un impulso acumulado para el día siguiente y el siguiente. Cada día en que creamos un buen impulso, estamos creando otro buen impulso para el siguiente día. Es una cuestión de hacerlo día a día. Y si debemos cambiar de amigos para poder reforzar el cambio que deseamos para nosotros, entonces lo hacemos.

La raíz del deseo del hombre se basa en la profundidad del surco que él mismo ha creado en su memoria. Por tanto, para poder erradicar hábitos indeseados, debemos darnos tiempo para que ocurra el cambio. Cambiar estos hábitos puede ser algo gradual o inmediato, así es que debemos tener paciencia con nosotros mismos. Debemos comprender que tales hábitos se han desarrollado debido a abusos de los caminos naturales de la vida; y así, deseamos ser restituidos al sendero que la naturaleza quiere. En este proceso, nos podemos permitir estar libres de sentimientos de culpabilidad innecesarios.

La llama violeta es el medio más directo y eficaz para transformar hábitos y limpiar los canales para que la luz pueda elevarse como una corriente por los chakras. Sin esta limpieza, en cada parada a lo largo del camino, como en una estación del metro, habrá acumulaciones y, por tanto, la luz de la Madre no podrá elevarse sin obstrucciones. El alma está destinada a elevarse, a seguir la corriente, pero la corriente no puede elevarse por las condiciones kármicas, que son el resultado del abuso de la luz en los siete chakras. Podemos sencillamente confiar en Dios e invocar la llama violeta para que purifique nuestros recuerdos, pensamientos, sentimientos y deseos, para que nuestra luz y vida puedan ser restauradas. Nuestro amor y determinación de ser la plenitud de nuestra propia naturaleza y ayudar a los demás es la motivación y la fortaleza para alcanzar nuevos niveles de maestría sobre nosotros mismos.

CAPÍTULO 8

CLAVES PRÁCTICAS *para* ELEVAR *el* FUEGO SAGRADO

uizá no hayan encontrado a la persona con la cual quieren compartir su vida. Puede que encuentren a esa persona pronto o que tarden años en hacerlo. Mientras tanto, ¿cómo se pueden preparar? La respuesta es simple: eleven el fuego sagrado.

En el curso de la vida cotidiana podemos elevar el fuego sagrado de formas sencillas pero eficaces. Podemos elevarlo hasta el chakra del corazón y enviárselo a los demás con expresiones de amor y gratitud. Podemos elevar el fuego sagrado hasta el chakra de la garganta para consolar a un amigo con palabras amables y ofrecer oraciones a los que tienen necesidad. Con el fuego sagrado elevado hasta nuestro chakra del tercer ojo, podemos percibir la naturaleza divina de un compañero de trabajo o un niño, e imaginar la creación de hermosas obras de arte.

Existen formas prácticas de elevar esta energía, comenzando con el ejercicio físico. Puesto que la energía se atora por una falta de ejercicio, nos es de ayuda hacer regularmente nuestro deporte favorito. Una buena sesión de entrenamiento, como nadar en la piscina, un partido intenso de baloncesto o voleibol, esquiar, hacer hatha yoga —ejercicio de verdad, que haga fluir el oxígeno por el corazón y la sangre— soltará la energía en nuestro cuerpo y la mantendrá fluyendo entre los chakras.

MEDITACIÓN *en la* LLAMA *de la* RESURRECCIÓN

Otra clave para elevar el fuego sagrado es utilizar la luz espiritual de la hermosa llama de la resurrección. Todos hemos tenido momentos en que nos hemos sentido optimistas, con un sentimiento vibrante por la vida. Puede haber sido al haber visto a un recién nacido por primera vez, al sentir la hierba fresca bajo los pies desnudos o al oír un coro de pájaros una mañana de primavera. Este sentimiento de renovación, esperanza y optimismo es un efecto de la llama de la resurrección.

En nuestro corazón hay una chispa de la vida que proviene del corazón del Creador. Es un fuego espiritual que arde como una esencia trina de amor, sabiduría y poder divinos. Cuando esta llama trina se expande y comienza a girar, sus penachos rosa, amarillo y azul se mezclan como una sola llama, adquiriendo la iridiscencia madreperla. Así, la llama trina acelerada se convierte en la llama de la resurrección. Surgiendo de la llama de la vida de Dios dentro de nuestro corazón, es una fuente efervescente, una fuerza vital de renacimiento y rejuvenecimiento.

Santos y sabios de Oriente y Occidente han poseído una maestría tal de la energía de esta llama de la resurrección que han sido capaces de restaurar la vida en quienes necesitaban curarse. Tales curaciones han sido llamadas milagros, pero el poder de la acelerada y magnificada llama de la resurrección en su corazón otorgado por Dios era la fuente de esas transformaciones que daban vida.

Para dar comienzo a la acción de la llama de la resurrección, pueden visualizarse a sí mismos de pie, dentro de una columna de espirales giratorias de luz opalescente e iridiscente, mientras recitan el siguiente mantra. Recuerden que al decir «YO SOY», afirmamos que «Dios en mí es».

¡YO SOY la resurrección y la vida de toda célula y átomo de mi ser manifestados ahora!

«YO SOY la resurrección y la vida» es el mantra que elevará el fuego sagrado. Después pueden expresar como gusten a dónde quieren dirigir esa llama de la resurrección, quizá para una curación. Para curar su propio corazón, por ejemplo, pueden meditar en él y pronunciar el mantra: «¡YO SOY la resurrección y la vida de toda célula y átomo de mi corazón manifestados ahora!». Con esto se invocan los rayos arco iris de la llama de la resurrección hacia dentro y alrededor del corazón. La actividad de este fuego espiritual restaura el equilibrio de las fuerzas necesarias para el flujo adecuado de la luz y la curación en cada célula, molécula y átomo del corazón físico. Esto mismo lo pueden hacer para otras personas, diciendo su nombre y la enfermedad que necesita curarse. Allá donde se invoca esta luz, *hay* resurrección.

Imaginen que su columna vertebral es un termómetro y el chakra de la base es como la esfera de la base del termómetro. Ahí es donde están encerradas las energías de la luz de la Madre. Pueden visualizar la energía de ese chakra asumiendo la cualidad de la llama de la resurrección, elevándose por su columna vertebral y elevando toda la energía que causa un peso en los chakras inferiores. En vez de ser una supresión de la energía, esto es la verdadera transformación, o transmutación, de la energía en creatividad divina.

MEDITACIÓN *en la* ESTRELLA SECRETA *de* AMOR

Junto con la llama de la resurrección, la meditación en la estrella secreta de amor puede ayudarnos a elevar el fuego sagrado desde los chakras inferiores hacia los superiores. La estrella secreta de amor es la estrella de su Presencia Divina y su pulsante luz cósmica. En esta meditación, ella es la piedra imán, el foco, para levantar las energías de sus chakras inferiores. Así, este levantamiento que sentirán, esta magnetización de las energías, proviene de la estrella secreta de amor.

Esta meditación se hace en posición de pie. Levanten los dos brazos y luego imagínense y sientan cómo toman la energía de su corazón y la colocan encima de su cabeza como una estrella. El corazón es la fuente de todo lo que ustedes crean. Pueden tomar la energía de su corazón y crear cualquier cosa que el corazón desee.

Estiren la mano derecha intentando alcanzar la estrella. Al mismo tiempo, sientan cómo desde su pie derecho se produce un tirón que sube por todo el costado. Todos sus músculos se esfuerzan por elevar la energía para que alcance la estrella. La energía de su ser sube en espirales como llama de la resurrección por la columna, hacia la estrella en lo alto.

Luego hagan el mantra: «¡YO SOY la resurrección y la vida de toda célula y átomo de mi ser manifestados ahora!».

Después, bajen el brazo derecho y empujen hacia arriba con el lado izquierdo, haciendo lo mismo que hicieron antes con el lado derecho.

Continúen alternando los dos lados. Reciten el mantra por cada lado mientras se estiran de ese lado intentando alcanzar la estrella. Al estirarse y empujar hacia arriba, sientan cómo ustedes mismos liberan y elevan el fuego sagrado desde sus chakras inferiores.

Pueden hacer este mantra o esta meditación tres veces, nueve veces o doce veces al día, según lo crean necesario. Solo se tarda un minuto o dos en levantarse y hacer esta meditación.

Algunas veces, cuando empezamos a dirigir la luz por el cuerpo de esta forma, podemos sentir cómo se alteran las energías y los deseos sexuales. Esto ocurre simplemente porque la luz activa el movimiento y el flujo, y parte de ese flujo quiere pasar por los antiguos canales. Si ocurriera eso, pueden continuar haciendo el mantra de la resurrección, sintiendo cómo la luz espiritual en los chakras superiores ejerce un tirón sobre los chakras inferiores y, después, podrán sentir una transformación de esa energía.

MEDITACIÓN SOBRE *la* LLAMA VIOLETA *para* PURIFICAR *los* CHAKRAS

Otro modo de elevar el fuego sagrado es poner la atención en la purificación de los chakras mientras se hacen decretos y afirmaciones dedicadas a la llama violeta. Lo siguiente es una meditación sobre la llama violeta para purificar sus chakras.

Comenzamos nuestra meditación con el chakra del corazón, puesto que la luz espiritual desciende primero, desde nuestro Yo Superior, a ese chakra. Después se distribuye por los otros seis chakras y después por el resto del cuerpo. Al hacer esta meditación, vean una llama de color violeta bañando y limpiando cada chakra.

Pueden comenzar la meditación con la siguiente oración.

En el nombre de mi Presencia Divina, invoco la purificación de mis chakras. De acuerdo con la voluntad de Dios, decreto:

¡YO SOY un ser de fuego violeta!
¡YO SOY la pureza que Dios desea![*]

¡Mi corazón es un chakra de fuego violeta,
mi corazón es la pureza que Dios desea!

¡YO SOY un ser de fuego violeta!
¡YO SOY la pureza que Dios desea!

¡Mi chakra de la garganta es una rueda de fuego violeta,
mi chakra de la garganta es la pureza que Dios desea!

¡YO SOY un ser de fuego violeta!
¡YO SOY la pureza que Dios desea!

---

*Para conseguir una mayor eficacia, puede hacer cada mantra de dos líneas tres veces o más.

¡Mi plexo solar es un sol de fuego violeta,
mi plexo solar es la pureza que Dios desea!

¡YO SOY un ser de fuego violeta!
¡YO SOY la pureza que Dios desea!

¡Mi tercer ojo es un centro de fuego violeta,
mi tercer ojo es la pureza que Dios desea!

¡YO SOY un ser de fuego violeta!
¡YO SOY la pureza que Dios desea!

¡Mi chakra del alma es un centro de fuego violeta,
mi chakra del alma es la pureza que Dios desea!

¡YO SOY un ser de fuego violeta!
¡YO SOY la pureza que Dios desea!

¡Mi chakra de la coronilla es un loto de fuego violeta,
mi chakra de la coronilla es la pureza que Dios desea!

¡YO SOY un ser de fuego violeta!
¡YO SOY la pureza que Dios desea!

¡Mi chakra de la base es una fuente de fuego violeta,
mi chakra de la base es la pureza que Dios desea!

¡YO SOY un ser de fuego violeta!
¡YO SOY la pureza que Dios desea!

EL CELIBATO y la ELEVACIÓN del FUEGO SAGRADO

Tanto si están casados como si están solteros, el sendero del celibato es una forma de elevar y conservar el fuego sagrado. El celibato puede significar que están elevando las energías de su ser y dedicándolas a Dios.

Los instructores espirituales han tenido la creencia durante miles de años de que el célibe se eleva en conciencia más y tiene más conciencia divina que quien está casado. Sin embargo, la persona que está casada y que espiritualiza el sexo en el matrimonio también puede alcanzar una gran iluminación y grandes alturas de conciencia. Al practicar las formas de elevar las energías sagradas, la persona casada que tiene una conciencia espiritual puede elevarse tanto como la que es célibe, si se lo propone y decide que Dios es lo primero en su vida. (Véase capítulo 10).

Como he mencionado anteriormente, el ejercicio intenso puede ser de ayuda cuando uno busca períodos de celibato. Entonces, al final del día, se pueden ir a la cama exhaustos físicamente. También pueden hacer la meditación de la estrella secreta de amor o invocar la llama violeta. Muchas personas utilizan estos métodos sencillos para vivir una vida célibe equilibrada.

La bendición que tiene el sendero del celibato para los solteros es que puede acercarles más a su amor superior, si eso es lo que desean. Habrán elevado la luz en sus chakras para poder ser un imán para ese amor. He observado a gente elevar y transformar sus energías de la manera que he descrito durante, quizá, unos meses, seis meses o un año. Al hacerlo, con frecuencia han atraído a una persona que refleja y complementa la mejor parte de sí mismos.

En los matrimonios, con consentimiento mutuo, los cónyuges pueden tener intervalos naturales de relaciones sexuales así como períodos de celibato. Además del amor duradero que comparten los esposos, el matrimonio también es un contrato en el que cada parte tiene ciertas necesidades y ciertos derechos. El dar y recibir de la relación sexual es parte de ese contrato.

Por tanto, en un matrimonio, si alguien decide que va a volverse célibe, ha de hacerlo consultando a su cónyuge. Si desea ser célibe y la otra persona no, entonces el matrimonio pudiera no ser congruente con su contrato original. Esto es algo que muchas personas no comprenden. Creen que si deciden ser célibes, pueden sencillamente anunciar a su cónyuge: «Voy a ser célibe y tú ya te las arreglarás».

En cambio, la pareja puede sentarse y decir: «Esto es lo que yo espero del matrimonio. Así soy yo. Estas son mis costumbres». Es natural tener deseos sexuales, que son inherentes al cuerpo en el que vivimos y también son afectados por los hábitos de vidas pasadas. En nuestro viaje espiritual, estos deseos pueden cambiar con el paso del tiempo. Por ejemplo, se pueden sublimar o transformar mediante el servicio u otros empeños creativos. Nuestro amor puede ser tal que queramos tomar algo de esa energía de nuestros deseos y canalizarla hacia el bien de los que nos rodean.

Un matrimonio edificante y armonioso puede ser uno en el que las personas evolucionen juntas en su amor y en la disciplina de sus energías. Pueden pensar en los usos del fuego sagrado como si fuera una escalera. Pueden encontrar su peldaño en la escalera y continuar aspirando a llegar al siguiente, no por sentirse culpables ni por vergüenza, sino porque es la ley de su alma en evolución. Esto puede conllevar períodos de celibato mutuo. Así, mientras satisfacemos nuestras necesidades de tener una relación sexual, comodidades, seguridad, el establecimiento de un hogar y la crianza de los hijos, algo más puede ocurrir en el matrimonio. Saldamos karma y evolucionamos en el matrimonio para bendecir a la vida en el sentido más grande.

LA PRÁCTICA *de la* ENTREGA

En nuestro esfuerzo por elevar el fuego sagrado y transformar ciertos aspectos de nuestra vida, otra herramienta útil es la práctica de la entrega.

Con esta entrega, damos a Dios todos los aspectos de nuestra vida, incluyendo los hábitos indeseados, y pedimos que nuestros deseos se conviertan en el deseo de Dios. No retenemos nada y se lo damos todo. Si no estamos seguros de si alguien es para nosotros, por ejemplo, podemos poner la situación en manos de Dios, confiando en que él se hará cargo de ella. Esto nos puede ahorrar muchos problemas, porque Dios no quiere para nosotros lo que nosotros mismos no queremos. Si le entregamos nuestra voluntad, seremos bendecidos con todo aquello que es mejor para nosotros y todo lo que nos corresponde.

Pueden sentarse a escribirle una carta a Dios, diciendo: «Te entrego…», y luego pueden hacer una lista de todas las cosas que quisieran entregarle a Dios. Esto les puede proporcionar un mayor sentimiento de paz. Hay una oración especial que pueden hacer:

> **Mi voluntad a Ti te entrego ahora dulcemente,**
> **mi voluntad someto a la llama de Dios por siempre,**
> **que mi voluntad pase a ser la tuya,**
> **prometo dulcemente.**

PREGUNTAS Y REPUESTAS
con Elizabeth Clare Prophet sobre
Sexualidad y espiritualidad

EL SEXO y el ESTILO de VIDA

P: ¿Qué opina usted de las parejas que no están casadas y que viven juntas? Mi novio y yo vivimos juntos. Estamos comprometidos y esperamos poder casarnos. ¿Nos puede dar algún consejo?

R: Para el crecimiento en el sendero espiritual, si una pareja está comprometida y tiene planes para casarse, yo les recomendaría que se casaran en vez de vivir juntos. Sin el compromiso del matrimonio, cuando las inevitables dificultades de una relación surjan, será más fácil abandonar antes que trabajar duro en la relación. Pero cuando se ha hecho un compromiso, se ha generado una confianza y eso está sellado en el contrato matrimonial, se tiene una base sólida sobre la que estar juntos para afrontar cualquier cosa que tengan que afrontar.

Cuando las personas viven juntas, si la relación se termina, entonces la persona cargará con los patrones kármicos añadidos de ese novio o novia anterior. Ese peso puede afectarle de varias maneras, aunque sea solo sutilmente. Y su conexión con su Yo Superior puede resultar más difícil de lograr.

Mientras que viviendo juntos pueden darse compañía y amor, también comparten su karma sin la protección de la bendición del matrimonio. Sin embargo, cuando pronuncian los votos durante la ceremonia matrimonial, ese voto se convierte en una bendición para las dos personas y, gracias a la invocación que se pronuncia, la unión queda sellada y protegida. Entonces las dos personas cargan mutuamente con su karma y tienen un compromiso y una responsabilidad hacia esa carga. Pueden hacer crecer su amor y saldar el karma mientras juntos sirven para criar hijos o dar vida de otras maneras.

Algunas veces las personas evitan el matrimonio porque no quieren cargar con el karma añadido, el peso añadido, el sentimiento de estar restringidas o confinadas. Una relación mutua con un profundo compromiso requiere de abnegación. Por tanto, el matrimonio siempre es sacrificado. Si vemos en nosotros egoísmo, podemos decidir llegar a ser más altruistas, más generosos, más sacrificados. Y el matrimonio nos da esa oportunidad, que puede ofrecer grandes recompensas.

P: **¿Si una pareja es homosexual, pueden las personas elevar el fuego sagrado y mantener la luz en sus chakras, tal como lo hacen un hombre y una mujer casados?**

R: Esta es una pregunta importante para los buscadores espirituales que se esfuerzan por equilibrar sus chakras y elevar el fuego sagrado. La respuesta yace en el conocimiento de la ley natural de la polarización de las energías masculinas y femeninas.

En la práctica de la unión del mismo sexo, las energías del fuego sagrado, en vez de elevarse, descienden. No existe ni la polaridad divina ni el intercambio de las energías masculinas y femeninas que puede ocurrir entre un hombre y una mujer. En las relaciones homosexuales, el intercambio de energía entre las dos personas es opuesto. Es como si pusiéramos juntos dos imanes con la misma carga, dos terminales cargadas positivamente o dos terminales cargadas negativamente. Por la ley natural, las polaridades iguales se repelen en vez de atraerse de forma natural, como lo hacen cuando se unen las cargas positiva y negativa. El intercambio físico entre miembros del mismo sexo obedece el mismo principio.

En las prácticas homosexuales, el equilibrio de las corrientes masculina y femenina de la kundalini se pierde. En cada vida, tanto si somos hombre como si somos mujer, recibimos una carga determinada de estas corrientes kundalini en el chakra de la base de la columna, que contiene una corriente masculina (alfa), o positiva, y una corriente femenina (omega), o negativa. Si la persona homosexual es hombre, estará usando mal la carga de la corriente alfa. Con el tiempo, la energía masculina se acabará, contribuyendo a la naturaleza más afeminada de los hombres homosexuales. Si la persona es mujer, estará mal la corriente femenina u omega. Este mal uso, al cabo del tiempo, priva a la mujer de todo el potencial femenino, lo cual provoca un cambio hacia un estado menos intuitivo y una energía masculina más ruda. Por eso las religiones del mundo enseñan que la homosexualidad se opone al flujo del fuego sagrado en el hombre y la mujer.

Dios nunca condena a nadie. Esto es simplemente una enseñanza que está basada en la infinita sabiduría de Dios y su interés por cada alma en su sendero de regreso al hogar. Y mientras que no juzgamos el libre albedrío de nadie, si las personas entendieran de verdad el uso del fuego sagrado, harían las cosas mejor. Involucrarse en prácticas homosexuales significa estar en contraposición con uno mismo y con las leyes naturales de Dios. Y se convierte en un retroceso para la evolución del alma.

P: **Entonces, si una persona desea cambiar su estilo de vida, ¿cree que eso sea posible?**

R: Mucha gente dice que uno puede abstenerse pero que no puede cambiar su propia naturaleza, pero yo no estoy de acuerdo. El cambio siempre es posible y eso es un mensaje trascendente desde el cielo. Es solo una cuestión de cambiar el curso del río. Cuando normalmente expresamos un uso en particular de la energía sexual, labrando un patrón específico dentro de uno

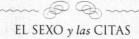

mismo, la energía tiende a fluir en ese canal que hemos creado. La homosexualidad es algo que con frecuencia ha sido una continuación de vidas anteriores y, por tanto, esas tendencias sexuales pueden haberse establecido en profundidad.

Si una persona desea cambiar el curso del río y crear nuevos canales para el flujo de las energías de la vida, yo la animaría a que ayunara y rezara, a que visualizara esos viejos lechos fluviales llenos del amor de Dios y la llama violeta, y a que elevara las energías sagradas. El ejercicio físico y un cambio en las costumbres sociales o las asociaciones también pueden tener importancia. Debemos tener paciencia con nosotros mismos y con nuestra alma, que está evolucionando mientras trabajamos para cerrar un canal y abrir otro. Ello requiere dedicación y un gran deseo de superar esos hábitos, pero no es una cuestión de culpa ni de condenación. Todos somos hijos de luz, amados del corazón de Dios, destinados espiritualmente a reclamar la plenitud de nuestra naturaleza divina

EL SEXO y las CITAS

P: **¿Cree que sea una buena idea que una pareja tenga relaciones sexuales antes del matrimonio para poder decidir si son compatibles en ese sentido?**

R: No encuentro ninguna base que dé validez a la idea de «bueno, vamos a probar a ver si encajamos». Creo que probablemente no haya nada más natural para la raza humana que la correcta expresión del sexo, cuando nos están presentes los abusos. El flujo natural del sexo es algo que nadie tiene que aprender. Si las personas se aman a nivel espiritual, tienen cosas en común y han encontrado el verdadero amor porque están dispuestas a esperar (han estado dispuestas a llevar una vida de celibato y a consagrar las energías del fuego sagrado dentro de ellas), entonces tienen todo bien en todos los niveles y todas sus energías encajarán adecuadamente. Y el sexo, que es solo una expresión de todo lo demás, también estará bien.

P: **¿Qué opina sobre la intimidad física cuando las personas están saliendo juntas?**

R: Esto lo tiene usted que medir según la maestría que tenga sobre usted mismo. Es importante entender que aunque una relación puede ser totalmente pura, el contacto físico da comienzo al flujo de la energía hacia una satisfacción sexual. Y una vez que la espiral empieza, a veces es difícil darle la vuelta.

Una vez leí un artículo muy interesante de un psicólogo que decía que el momento de la interacción sexual comienza cuando se pasa de darse la mano a acariciarse, y después al acto sexual completo. Cada vez que uno está junto al sexo opuesto, se necesita más y más contacto para llegar a cierto nivel de satisfacción debido a la acumulación de energía. Por eso, con los adolescentes, por ejemplo, existe cierto equilibrio de las energías masculinas-femeninas que tiene lugar cuando se dan la mano. Luego eso no basta, y luego está la siguiente fase y la siguiente, y así sucesivamente.

Para un adulto, si ha estado casado con anterioridad, si ha vivido con alguien anteriormente, si ha tenido relaciones sexuales, muchas veces hace falta muy poco estímulo para que se necesite la relación sexual, porque el cuerpo está acostumbrado al flujo de la energía en ese nivel. Y por tanto, las parejas más mayores o aquellas que hayan experimentado esto anteriormente son quienes necesitan, habitualmente, de una disciplina más grande para mantener las energías elevadas.

Entonces, una persona podría decidir que no merece la pena alterar las energías para la relación sexual. Cuando las personas están saliendo, pueden elevar sus energías sagradas con actividades físicas, como caminar en la montaña, escalar, nadar y así sucesivamente. Pueden hacer cosas juntas para elevar las energías. Pueden pasar tiempo juntas, llegar a conocerse, pasar tiempo juntos en la naturaleza, hablar de Dios, y no mezclar tanto los chakras en la intimidad física. La gente que ha seguido mi consejo ha sido de lo más feliz y ha aportado la pureza más grande a su matrimonio.

Es una cuestión de cómo quieran usas sus energías y cuánta maestría tengan. La mayoría de las personas que se casan tiene un residuo de energía mal cualificada en los chakras inferiores que deberán transmutar en su relación. Por eso, antes de casarse, también pueden dedicar tiempo a purificar los chakras de los malos usos del fuego sagrado de relaciones anteriores, para que esos deseos y hábitos no afecten a su nueva relación.

───────────── ⌒ ⌒ ─────────────

MATRIMONIO y SEXUALIDAD

P: ¿Puedo estar casado y seguir llevando una vida espiritual?

R: En Oriente, en la India, por ejemplo, los hindúes y los budistas entienden que es perfectamente natural tener distintas fases en la vida. Cuando la pareja está en edad de tener hijos, esa es la época natural para tenerlos, si es lo que se desea. Más tarde, cuando esos años se hayan cumplido, los cónyuges pueden decidir que quieren vivir una vida más célibe.

Los dos aspectos de la vida están considerados como algo completamente natural para la realización del alma. Ambos son necesarios y están permitidos; uno es santo y el otro también lo es. Se trata de una cuestión de los pasos que hay en el sendero espiritual. Ambas cosas son rituales que pueden tener lugar dentro del orden natural de los ciclos de la vida. Y para eso sirve el ritual, para ordenar nuestra vida y que así sepamos qué debemos esperar de Dios y de nosotros mismos a cada paso del camino.

P: ¿Es posible elevar la kundalini y también ganar energía mientras estoy casado y activo sexualmente con mi esposa? ¿O es necesariamente una disminución de la energía?

R: Dependiendo del nivel de logro de las dos personas y muchos factores que influyen, incluyendo la frecuencia de las relaciones sexuales, puede no producirse una pérdida considerable. En la unión sexual, la ganancia por compartir amor y el equilibrio de las energías puede ser beneficioso para los dos.

Para algunas personas en el sendero espiritual, la dicha y las ganancias que se experimentan al elevar la luz son tan grandes, que el intercambio de una relación sexual disminuye de forma natural. Puede llegar a ser menos frecuente. Sin embargo, el intercambio sexual aún puede ser una parte natural del matrimonio y algo necesario para el equilibrio de las energías.

Un factor determinante sobre cuánto sexo debería practicar una persona es el de reconocer cuándo un exceso cuesta demasiado en términos de otras creatividades. Siempre se trata de encontrar el punto de equilibrio.

Así, deben ponerse de acuerdo sobre la frecuencia con la que tendrán relaciones sexuales, porque las dos personas tienen necesidades. Puesto que estar casados conlleva un compromiso de mutua consideración, uno ha de tener presente los deseos de su compañero o compañera.

La situación ideal es que usted y su esposa tengan el apoyo, la fortaleza y el amor mutuo, al tiempo que deciden buscar un sendero espiritual juntos. Juntos, en equipo, pueden decidir ayunar juntos, rezar juntos, ser célibes juntos, tener hijos juntos. Pueden tener las ventajas de las dos cosas.

P: Tengo un nuevo empleo en el que tendré que viajar lejos de mi esposa, y me preocupa qué le pasará a nuestra relación sexual. ¿Hay algún consejo que nos pueda dar?

R: Si va a comenzar una vida de servicio hacia los demás, de enseñanza o de otra profesión y están separados durante ciertos períodos de tiempo, yo lo consideraría como un buen reto para la maestría de esas energías por su parte. Esto puede ser sano para ambos porque les dará el sentimiento de que pueden sentirse completos en sí mismos. Pueden encontrar satisfacción al elevar la luz y unirse a Dios mientras están separados.

CUARTA PARTE

EL MATRIMONIO
y el
SENDERO ESPIRITUAL

El matrimonio entre el hombre y la mujer
debe ser místico,
una conmemoración de la reunión del alma
con Dios a través del Yo Superior.

CAPÍTULO 9

EL MATRIMONIO:
UNA PERSPECTIVA *del* ALMA

El matrimonio es la unión más sagrada que hay en la Tierra. Conmemora la unión de las llamas gemelas y la del alma con su Presencia Divina. Por tanto, el matrimonio refleja la suprema experiencia de la plenitud por parte del alma; por eso es algo místico y santo. Dentro del matrimonio, esposo y esposa tienen la oportunidad de desarrollar la plenitud, individualmente y juntos, como una unidad.

A medida que cada uno de los cónyuges sirva, cuide y ame el alma del otro, esta plenitud aumentará. Puede convertirse en un amor en constante expansión que les bendiga no solo a ellos, sino a muchos otros. Al dar ese amor, esposo y esposa también estarán amando a Dios y atrayendo su energía hacia ellos. Estarán asumiendo más de la conciencia de Dios, al ir convirtiéndose en aquello que ellos perciben de Dios en la otra persona. Por tanto, ese amor es un imán que da a ambos la capacidad de llegar a ser más como Dios. De este modo, el matrimonio proporciona una oportunidad para el desarrollo espiritual.

Al ir atrayendo los esposos más energía de Dios, estos tienen una mayor capacidad de cumplir su misión, de ayudar a los demás y de saldar las deudas kármicas, especialmente a través de la reciprocidad en las relaciones familiares. Una finalidad, una meta o un sueño forjado por el esposo y la esposa juntos puede aportar una gran mejoría a un matrimonio exitoso y alegre, que puede sobreponerse a los elementos del karma, la oposición a la unión, la discordia y las mezquindades que surgen en el vivir cotidiano. Sin esta visión unida, el matrimonio puede que no dure. Pero con esta visión, ambas almas pueden ser empujadas hacia su realización más alta en la vida

LA AMISTAD *y los* CIMIENTOS *del* MATRIMONIO

¿Cómo se puede saber si alguien está destinado a ser su futuro cónyuge? A medida que la amistad se convierte en una relación más seria, los dos pueden hacer juntos cosas que sean normales, actividades diarias, no solo ponerse en situaciones idealizadas, como salir a cenar juntos y programar citas divertidas. Es importante observar cómo la amistad es capaz de afrontar todo tipo de circunstancias de la vida normal y corriente, como lidiar con la tensión de todos los días, cuidar de las finanzas, relacionarse con los demás, cuidar de un hogar y mantener un empleo. También se puede ver qué hace esa persona en su tiempo libre.

Ese sería el momento de hablar de la relación, de lo que les gusta y lo que no les gusta, si ven que existe un cimiento para el futuro, y así sucesivamente. Deberán observar cómo su amigo o amiga maneja los conflictos y los asuntos íntimamente personales. A medida que la relación avanza, puede ser un buen período para estudiar libros sobre relaciones y reflexionar sobre cómo se aplican esos conceptos a uno mismo y a la relación.[1]

Las dos personas se pueden apoyar mutuamente en sus estudios y carreras profesionales. Esto alienta el crecimiento individual de cada una de ellas y permite a ambas la exploración de sus intereses, inclinaciones y talentos. Una amistad demostrada que se desarrolló bajo circunstancias extraordinarias fue la base para el sólido matrimonio de esta pareja:

> *Cuando era una joven, tuve varias relaciones serias, pero ninguna salió bien. Decidí dejar las citas por un tiempo y concentrarme en mi propia plenitud. Una tarde estaba sentada en mi sillón verde preferido con un libro y sentí un dolor agudo en el corazón. Medité en ello y me di cuenta de que se trataba de una soledad por no tener a un compañero. Clamé a Dios: «No me voy a casar nunca. ¡No quiero volver a tener nada que ver con los hombres!».*
>
> *Poco después de mi ferviente grito, escuché una voz tranquila, la voz interior, o «la voz» de mi corazón, que me decía: «¿Y si conocieras a un hombre con quien te quisieras casar? ¿Qué cualidades querrías que tuviera?». Nunca había pensado antes en eso.*
>
> *Tomé un papel y escribí las características específicas que quería que tuviera mi compañero así como el tipo de vida que quería para nosotros. Cuando hube terminado, la lista contenía veintitrés características. Después de hacer la lista, me di cuenta de que si quería atraer esa clase de hombre, debía desarrollar esas cualidades yo misma, y me puse a trabajar en ello. Me guardé la lista años enteros.*
>
> *Más de dos años después, tras hacer este ritual, conocí a mi futuro esposo en un evento social. Él me pareció ruidoso, con demasiada confianza en sí mismo, y caminaba con un contoneo. Sentí repulsión. Tenía agujeros en sus jeans, el estómago hinchado por la cerveza, rizos dorados y rojizos hasta los hombros y tenía una pipa. Carismático y popular para muchos, atraía a toda clase de mujeres. Y no era su tipo, pues yo era muy espiritual, tranquila, intensa y cuidadosa en el vestir. Mi amiga se me acercó, y*

dijo: «¡Oh, ya os conocéis! Este es el nombre que quería que conocieras».

Unos tres meses después, salimos a cenar en nuestra primera cita y, tal como se desarrollaría la vida, al día siguiente caí muy enferma con una infección cerebral y tuve que ingresar en el hospital tres veces durante los siguientes meses, y casi perdí la vida. Este hombre, que apenas me conocía, estuvo todos los días a mi lado, preparándome sopas, pagándome la renta y las facturas médicas, y sin pedir nada a cambio. En nuestras conversaciones durante ese año en el que estuve muy enferma, hablamos en profundidad y frecuentemente. Entablamos la mejor de las amistades.

Aunque él era un poco tosco, era el hombre con el corazón y las cualidades prácticas que había listado hacía un año. Y su amor y cuidados me devolvieron la vida. Después nos casamos. Desde que nos conocimos hace cuarenta años, hemos pasado por muchos períodos kármicos. Sin embargo, habiendo pasado por toda clase de dificultades, él ha sido el mejor compañero que me ha ayudado, ha sido mi amor querido y amigo fiel en tiempos de grave enfermedad, en la crianza de nuestros hijos y en nuestro servicio y pasión mutuos para educar a los niños.

LA DECISIÓN de CASARSE

Con frecuencia, especialmente cuando somos jóvenes, no entendemos por completo la importancia del matrimonio. En consecuencia, algunos nos apresuramos hacia el matrimonio sin considerar las ramificaciones. Sin darnos cuenta conscientemente, podemos estar escapando de los problemas que tengamos en nuestra vida, esperando que el matrimonio los resuelva. Quizá éramos inmaduros cuando nos casamos y entonces, años más tarde, nos damos cuenta de que ese paso que dimos no era el mejor. O quizá creamos que el matrimonio está pasado de moda, por lo que vivir juntos se convierte en una forma de vida. Por eso es útil considerar de manera realista la decisión de casarse.

Cuando las personas quieren saber si deben casarse o no, les hago dos preguntas: «¿Ha considerado usted si su servicio individual hacia la vida se verá beneficiado, enriquecido y si será mayor en el matrimonio de lo que lo sería por separado?». Uno más uno siempre es igual a tres, porque siempre son tres los presentes en la unión matrimonial: usted, su cónyuge y el Espíritu de Dios, la omnipresencia de Dios. Con esta unión, cada fase del matrimonio es sagrada. La segunda pregunta que hago es: «¿Está enamorado profundamente? ¿Tiene un fuego ardiendo intensamente en el corazón, el fuego que pueda conmemorar su amor por Dios?».

Si puede responder a esas dos preguntas pero aún vacila, sugiero que espere. No se mueva hasta que «un elefante le pise en el pie». Cuando esté seguro de que eso es lo que hay que hacer, entonces estará listo para sellar su amor en matrimonio.

Cuando el amor es verdadero y real, y cuando ese amor es un fuego que da vueltas en su corazón, nada puede vencerlo, ni siquiera su propio subconsciente ni sus aspectos psicológicos. Nada puede sobreponerse a un amor así, porque es el mayor poder del universo. Este amor puede comenzar como una chispa, como la llama de un cirio que pueden cuidar y expandir. Es una llama que contiene el potencial de un sol resplandeciente. Sin ese intenso amor, puede resultar difícil superar la adversidad.

Por tanto, el matrimonio tiene dos requisitos: un mayor servicio a Dios, mayor que el que pueden ofrecer solos, y un amor muy intenso. La afirmación de estas cualidades esenciales proporciona la base para un matrimonio fuerte y productivo.

PREPARARSE *para el* MATRIMONIO

Cuando estamos a punto de casarnos, nos encontramos, con nuestro prometido o prometida, llenos de amor y de una visión emocionante de esperanza para el futuro. Este nuevo comienzo puede ser uno de los períodos más emocionantes de nuestra vida. Con un deseo de estar juntos para el resto de nuestra vida, podemos dar pasos prácticos para asegurarnos que el matrimonio se construye sobre una base sólida. Puesto que el matrimonio también es un contrato, un contrato de amor, es importante que las dos personas estén de acuerdo con las estipulaciones de ese contrato. ¿Qué espera del matrimonio nuestro compañero o compañera? ¿Qué espera recibir? ¿Qué espera dar? ¿Y nosotros? Aunque lo del contrato no suene muy espiritual, tener claras nuestras expectativas genera un cáliz sólido para el amor compartido en el matrimonio.

La clave para formar este contrato es la comunicación. Reúnanse con su cónyuge para hablar y ponerse de acuerdo en las condiciones del contrato. Probablemente deban hablar de asuntos clave, como la forma en la que quieran manejar el dinero y su relación sexual, así como el horario de trabajo diario, sus necesidades de tener tiempo libre, privacidad e independencia. Si quieren tener hijos o no, cuántos y otros asuntos de interés familiar también son temas a explorar. Siempre y cuando las dos personas sepan y tengan claro qué deben esperar, existirá la base para un contrato.

Antes y después del matrimonio, uno de los factores más importantes para una relación sólida es el mantener los canales de comunicación abiertos. El matrimonio es un proceso de dar y recibir, y es importante comunicarse mutuamente sobre las necesidades que se tienen en todos los niveles. Es importante dejar claras tales necesidades con palabras en vez de con malos humores, silencios o distanciamientos. La relación se beneficiará con la apertura, la confianza y el honor, de forma que cuando compartan no se sientan amenazados de que les vayan a hacer daño o que la otra persona se vaya a ofender. De este modo, cada persona es respetada, comprendida y considerada. Cuando se estén preparando para el matrimonio, les ayudará mucho establecer y construir una comunicación así.

LA CEREMONIA *y el* SELLE

Si aceptamos el matrimonio como un sacramento, como una unión sagrada de las almas, entonces la ceremonia permite que Dios forme parte del matrimonio desde su comienzo. Cuando la realiza un ministro, sacerdote, rabino u otro representante autorizado, la ceremonia es un don de Dios. En esta ceremonia, el matrimonio se sella mediante una invocación que forma parte de la bendición. Tanto si el representante espiritual que realiza la ceremonia es considerado digno como si no, estamos ante un representante de Dios, ante su Yo Superior. Mediante la invocación, la institución humana del matrimonio se bendice y santifica.

Hasta que no se pronuncian los votos ante el altar del matrimonio, uno no entra en un verdadero contrato matrimonial, en el sentido de cargar y transmutar el karma mutuamente. El matrimonio exige ese contrato y compromiso mientras ustedes caminan juntos por los ciclos kármicos y crecen juntos en el sendero espiritual.

Como he mencionado anteriormente, la ceremonia matrimonial protege el intercambio de energías de la unión sexual. Proporciona un selle, como un círculo de energía, una esfera de luz blanca alrededor de las dos almas para la protección del fuego sagrado. La bendición de Dios consagra el fuego sagrado y su intercambio entre ustedes y su cónyuge.

UNA UNIÓN SAGRADA

Así, la relación matrimonial entre el hombre y la mujer es una unión sagrada porque la polaridad de los componentes del matrimonio siempre representa los aspectos de Dios Padre-Madre.

Pueden mirar a su cónyuge como Dios en manifestación y, por tanto, pueden amar a esa persona con el amor superior que sentirían por Dios y por su llama gemela. En ese respecto, no importa si están casados con su llama gemela o si la han conocido. Pueden amar con todo su corazón, y ese amor puede ser algo transformador, incluso liberador.

Al llegar a conocer a su esposa o esposo, también pueden asumir aspectos de su conciencia. Esto es algo evidente en la gente que lleva casada muchos años. Empiezan a tener una apariencia parecida, a actuar del mismo modo, a pensar de la misma forma. En cierto sentido, el matrimonio es un proceso por el cual el hombre asimila aspectos del arquetipo femenino divino de su esposa, mientras que la mujer asimila aspectos del arquetipo masculino divino de su esposo. Se trata de una oportunidad espiritual en la que las personas se esfuerzan para llegar a ser un todo andrógino. Lo ideal sería que, en cualquier momento dado, estando separados como dos individuos, cada uno de ellos contuviera la plenitud del otro.

COMO DOS ALTOS PINOS FIRMEMENTE ERGUIDOS

Lo opuesto a esta plenitud es la posesividad y la dependencia. En vez de ser como dos pinos altos y firmemente erguidos, esto es como dos palos apoyados el uno en el otro. Cuando uno no está, el otro se cae. Esta dependencia puede debilitar el matrimonio. Podemos amar a Dios en nuestro esposo o nuestra esposa, pero eso no quiere decir que «mi esposo es Dios» ni «mi esposa es Dios».

No podemos esperar que el matrimonio ofrezca las respuestas para todos los problemas en la vida. Puede que deseemos que en el matrimonio, de alguna manera, todo el dolor y la tristeza en la vida sean eliminados y que nuestros anhelos más grandes —como nuestros sueños, fantasías y deseos subconscientes— se vayan a realizar. Pero ese no es el caso. Es una de esas ilusiones que la sociedad representa.

Si dependemos de la otra persona y somos posesivos, podríamos poner una presión y generar unas expectativas poco realistas sobre nuestra pareja en el matrimonio. La esposa espera que el esposo cumpla todas esas cosas y él espera que ella lo haga, y ni los propios dioses podrían estar a la altura de todos los ideales que tengamos sobre la dicha suprema del estado del matrimonio. Esas exigencias pueden tensar el matrimonio hasta el punto de la ruptura, porque los cónyuges exigen algo que el matrimonio no está destinado a dar.

Pero cuando las dos personas proveen las cualidades y puntos fuertes que ellos quieren ver en su pareja, ello contribuye a un matrimonio más fuerte y sano. Es una relación completiva. Cada persona espera ser el pilar del matrimonio, y lo que recibe de la otra persona no proviene de un nivel de expectativa sino, más bien, de una gracia y un regalo añadido. Lo que más ayuda al matrimonio es que las expectativas que tengamos no sean sobre el compañero, sino sobre uno mismo: una expectativa, realmente un deseo, de regalar lo mejor de uno mismo, el Yo Superior.

¿Y saben qué ocurre entonces? Que serán totalmente libres de dar. No darán porque alguien se porte bien con ustedes. Darán porque en su interior tendrán una fuente rebosante.

¿QUÉ PASÓ *con la* LUNA *de* MIEL?

Antes de que una pareja se case, normalmente ve todo lo que está bien, lo que hay de lindo y maravilloso en el otro. Es el logro del compañero lo que sobresale. Esto es un dulce intervalo y un período de gracia.

Después de casarse, las personas se levantan una mañana y, como dicen, la luna de miel se termina. Cada cual siente un peso de más, un bulto añadido sobre sus espaldas. La esposa lleva el karma del esposo y este lleva el karma de ella. Esto puede ser inquietante. Es como ponerse los zapatos de otro. No son cómodos del todo, no se han desgastado donde debían, y ni siquiera son nuestro número.

Algunas veces las personas empiezan a resentirse por ese peso añadido con el que cargan en su matrimonio, pero ello forma parte del contrato matrimonial.

Cuando hacen el voto, «en lo bueno y en lo malo, en la prosperidad y en la adversidad, en salud y en enfermedad», cada uno de ustedes hace el voto de compartir el karma de la otra persona, lo cual se convierte en una carga conjunta. Del lado positivo, la debilidad de su cónyuge puede equilibrarse con los puntos fuertes suyos y sus debilidades pueden equilibrarse con los puntos fuertes de su cónyuge; y ese es uno de los propósitos del matrimonio. De este modo, esposo y esposa se complementan mutuamente, aprendiendo a crecer juntos.

El matrimonio es el ejercicio de ser el compañero o la compañera de su llama gemela. El hecho de que el karma sea compartido destaca la realidad de que el matrimonio tiene un fin, un fin espiritual. El matrimonio proporciona una unidad divina para saldar su karma mientras atraen el logro de su buen karma sirviendo a Dios y la humanidad. De este modo, el karma positivo de sus vidas pasadas fortalece el matrimonio, añadiendo la vitalidad y la visión de su unión. Juntos, su karma positivo puede atraer un servicio lleno de gozo, inspiraciones, hijos y otras manifestaciones de su logro espiritual compartido.

A medida que los ciclos kármicos se van desarrollando y ustedes afrontan la enfermedad o la adversidad, se dan cuenta de que eso es lo que han consentido en compartir. Pueden experimentar las bellezas y alegrías del matrimonio, pero también pueden compartir el karma que se va desplegando según les va llegando a lo largo de su vida.

Así, tienen una decisión que tomar. Pueden permitir que su karma domine sus vidas y sobrecargue el matrimonio o pueden cambiarlo. Cuando entienden que su karma puede cegarles con respecto a las virtudes de su cónyuge y que puede provocar que los sentimientos negativos se enconen, pueden tomar la decisión de transmutar ese karma y espiritualizar su matrimonio. Cada mañana, al amanecer, reciben la emisión del karma que deberán afrontar ese día. Si lo transmutan juntos, pueden seguir adelante con creatividad durante todo el día. Pueden sacar el máximo provecho al compartir juntos.

EL EQUILIBRIO *en el* DAR

Durante su matrimonio puede que descubran que los retos son grandes y que no están preparados para ellos. Afrontar esos desafíos exige comprensión, apoyo y amor. El amor divino siempre ha satisfecho y siempre satisfará las necesidades humanas, pero cada persona debe encarnar ese amor divino.

Una de las formas en que se demuestra ese amor es dando. El matrimonio está construido sobre lo que cada persona decida dar a la otra. Para conseguir el mayor beneficio del matrimonio, debe haber un equilibrio en lo que cada persona da. Si uno da demasiado, no le quedará nada de sí mismo. Eso es un sacrificio falso, porque se puede perder la maestría sobre uno mismo o la propia integridad. Si uno debe dar amor y apoyo una y otra vez, hasta el punto de comprometer aspectos importantes de sí mismo o de su vida, incluso su misión y su meta en la vida, entonces quizá su matrimonio no se pueda sostener.

Al contrario de dar demasiado, uno de los cónyuges podría no dar nada. Eso se puede manifestar como egoísmo, como una sensación de distanciamiento o una actitud de superioridad, por ejemplo, donde una persona supone que es mejor que su cónyuge.

Cuando esposos y esposas dan de una forma equilibrada, se acercan a su cónyuge con la actitud: «¿Qué puedo dar? ¿Qué puedo hacer por mi esposo o esposa? ¿Qué puedo hacer por nuestros hijos?». Es el mismo motivo por el cual el alma acude a Dios, no para tomar sino para dar. Acudimos a Dios para amarle. El amor que él nos devuelve es una bendición, pero eso es secundario. Lo mismo ocurre con la relación del matrimonio.

AMAR *al* ALMA QUE ESTÁ
en el PROCESO *de* SER PLENA

El matrimonio exige que la pareja aumente constantemente su amor. Es un amor en forma de perdón, compasión y comprensión. Es una disposición a recoger los pedazos y comenzar de nuevo cuando hay problemas, cuando hay discordia, cuando hay dificultades. Es una determinación de seguir intentándolo, seguir amando, seguir perdonando, seguir alimentando al alma mutuamente, seguir identificando al esposo o la esposa con un aspecto de Dios que necesita que satisfagan sus necesidades y que le dediquen una devoción total.

Eso no quiere decir tolerancia con las malas costumbres o indiferencia hacia los actos desagradables. Es el delicado equilibrio de amar al alma que está en el proceso de ser plena. Tampoco es la actitud beata y farisaica de «amo a tu Yo Superior pero no te pongas en mi camino con tu personalidad humana. No lo voy a consentir». No se trata de eso.

La finalidad de la comprensión y el amor es entender que el alma se encuentra en un estado en el que está uniéndose con su Yo Superior. En cierto sentido, es la realidad de cada individuo aquí y ahora. Eso es lo que amamos unos en otros. Debemos estar dispuestos a seguir trabajando con esa alma, a seguir caminando con esa alma, a seguir rezando por esa alma y a seguir amando a esa alma. Cada persona es como una flor y esa flor ha de ser libre para abrirse a su propio ritmo, a su propio modo. Y en el matrimonio uno descubre las formas en que la fragancia de las dos flores se mezclan, cómo se mezclan los patrones del alma.

Mark me enseñó que al asesorar a personas casadas, debía decirles qué sagrado es el amor entre esposo y esposa y que se trata del mismísimo amor del Dios Padre-Madre. Este amor comienza en el hogar. Si eligen el amor, prosperarán y todo irá bien. Si eligen el círculo santificado del Dios Padre-Madre, encontrarán socorro de la estupidez del mundo y alivio de todas las luchas.

Esta pareja realiza dos rituales prácticos que le han sido útiles en su viaje de amor.

A lo largo de nuestro matrimonio de muchos años, he sido consciente del material del que está hecho y del tejido de ese material gracias a la armonía. Por eso no quería «desgarrarlo» con una falta de armonía ni diciendo cosas demasiado emocionales. Hemos hecho unos cuantos rituales que nos han sido útiles, especialmente en los primeros siete años de matrimonio.

Teníamos una forma creativa y eficaz de hablar de nuestras dificultades con marionetas. Yo tenía un elefantito y una niña pequeña llamada Emily, que mi esposo me había comprado. Hacía que las marionetas representaran las discusiones y los sentimientos de temor o preocupación. Las marionetas exteriorizaban los problemas y los sacaban del ámbito de la confrontación. Mi esposo observaba mi espectáculo con una mirada como divertida, cautivada y preocupada, y no solía decir nada ni se ponía a la defensiva. Era una buena forma de comunicarnos sin pelearnos, acusarnos ni manipularnos.

También nos reuníamos cada dos meses para hablar de problemas dolorosos y profundos, como alcohol, tabaco, dinero, crecimiento personal o cómo criar a los hijos. Esas reuniones no eran para hablar de cosas cotidianas. Hablábamos diariamente y poníamos énfasis en lo positivo; yo no lo atosigaba ni me enfocaba en lo negativo. Por otro lado, en nuestras reuniones bimensuales, los problemas realmente difíciles los afrontábamos con tanta diplomacia como podíamos. No discutíamos. A menudo había lágrimas. Los dos nos comprometíamos a esforzarnos en algunas cosas para la siguiente reunión, a los dos meses.

Después nos íbamos a pasear, mirábamos la puesta

de sol sobre el mar o nos íbamos a cenar, y sentíamos que nuestro amor triunfaba sobre el dolor. Nuestro matrimonio ha florecido porque nos permitimos tener un espacio para trabajar en nuestro matrimonio, nuestro caminar lleno de amor.

FLEXIBILIDAD *en el* FLUJO *del* AMOR: FUNCIONES *en el* MATRIMONIO

El matrimonio es como dos llamas entrelazadas. Al observar un fuego físico, vemos que nunca podemos capturar la llama y decir: «Esta es la forma que tiene la llama». No tiene nunca ninguna forma. Siempre está en movimiento. Las dos llamas del matrimonio están constantemente saltando, moviéndose y asumiendo distintas características de Dios.

Puesto que son dos llamas, se pueden unir en armonía. Cuando una asume una forma, la otra se moldea a su alrededor. Esto es la creatividad y el flujo del amor cotidiano que existe entre el esposo y la esposa.

Esa flexibilidad en el flujo del amor se demuestra en la interacción de las distintas funciones de la relación matrimonial. Es decir, la esposa no siempre es la esposa. Ella es todos los aspectos de la naturaleza femenina de Dios en un momento u otro: madre, hija, hermana, esposa. Puede ser una hija o puede ser una matriarca llena de madurez. De forma parecida, el esposo no tiene por qué jugar rígidamente el papel de esposo, porque Dios no tiene siempre la función rígida de esposo. Dios se nos aparece como padre, hijo, hermano, vecino, amigo.

Estas funciones diversas dan una naturaleza expansiva a la relación matrimonial. Cuando tenemos esta flexibilidad, este movimiento del flujo del amor, podemos disfrutar el uno del otro como amigos cuando queremos ser amigos. Podemos disfrutar el uno del otro como confidentes, como socios de un empeño conjunto. Pode-

La creación de la llamas gemelas   Lámina 1*a*

La creación de las llamas gemelas   Lámina 1*b*

Lámina 2*a*

La creación de las llamas gemelas

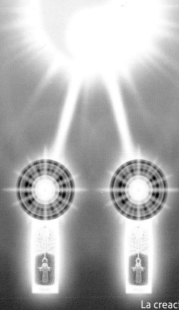

Lámina 2*b*

La creación de las llamas gemelas

Llamas gemelas

El Arcángel Miguel

La llama violeta

Lámina 6   Los siete chakras principales

Kuan Yin, representante de la Madre Divina en Oriente   Lámina 7

María, representante de la Madre Divina en Occidente

mos disfrutar el uno del otro como padres. Podemos disfrutar el uno del otro en casi cualquier función.

Lo más importante de compartir funciones en la relación matrimonial es que cuando una persona está teniendo dificultades, la identidad del cónyuge es tan fuerte que este se convierte en una roca del Yo Real, el Yo Superior, manteniéndose firme mientras la otra persona pasa por sus dificultades. El cónyuge puede mantener la visión certera del matrimonio, ayudando al otro a superar la dificultad con un amor constante.

Pero tal como la materia misma necesita descanso (los zapatos necesitan descanso, la maquinaria necesita descanso), nosotros también necesitamos descansar de algunas funciones. Todos sabemos que hay momentos en que la madre tiene sabiduría y comprensión. Pero a veces se hará a un lado para ser, por ejemplo, como una hermana comprensiva que escucha o como una niña de exuberancia espontánea. Sabemos que hay momentos en los que ser el protector y señor de la casa es una carga pesada. Así, el esposo puede asumir el papel de hijo, hermano o peregrino, compañero en el sendero de la vida, y esto puede representar un alivio necesario.

Si exigimos siempre que nuestro cónyuge sea el epítome del concepto que tenemos de esposo o esposa, nos quedaremos tristemente decepcionados, porque nadie encaja rígidamente en una función. Y si hacemos que nuestra relación sea rígida, basándonos en lo que nos dice la sociedad sobre lo que debe ser el matrimonio, perderemos la riqueza y la profundidad que Dios nos ha dado para que la experimentemos.

Recuerdo que hace mucho tiempo asesoré a una mujer que no se llevaba bien con su esposo. «¿No entiende —le dije— que todos nosotros necesitamos en algún momento una madre y que todas necesitamos proveer esa función? Algunas veces usted debe ser madre, incluso de su esposo, y algunas veces él debe ser un padre para usted». ¡Pues esto le pareció intolerable! De ninguna manera aceptaría el papel de madre en relación a su esposo.

Cuando ocurre esto, nos perdemos el importante conocimiento de que en alguna parte, en lo más profundo de nuestra alma, todos somos niños pequeños. Tenemos ese punto tierno que aún puede sufrir y reaccionar como un niño. Podemos identificar esto en nosotros mismos y podemos entenderlo. Pero quizá, al mirar a otra persona, lo anulamos. «No —decimos— es un adulto. Debería comportarse como tal. No debe hacerme las exigencias que le haría un niño a un padre o una madre». Cuando le negamos a un adulto el derecho de ser un niño algunas veces, perdemos una gran oportunidad. Todo el mundo tiene derecho a ser un niño algunas veces. De vez en cuando, el esposo necesitará ser quien se interese y dé cuidados. Y la esposa tendrá que ser quien dé apoyo y mantenga el hogar. Esta flexibilidad puede proporcionar una gran fortaleza y mutualidad en la entrega, como lo sintió la siguiente pareja.

En nuestro matrimonio, hemos tenido muchas dificultades (como la mayoría de matrimonios): enfermedades graves, operaciones, pérdidas de empleo, mudanzas repentinas, accidentes trágicos y muertes. Algunas de las dificultades han sido chocantes y otras más graduales. A través de toda clase de problemas, mi esposa y yo hemos permanecido lado a lado con amor y lealtad. Recuerdo estar sentado durante horas enteras cuando mi esposa fue operada, estando a su lado cuando se despertó y cuidándola durante las semanas posteriores. Cuando perdí mi empleo súbitamente, ella aumentó sus horas de trabajo y era quien ganaba el dinero para mantenernos. Muchas veces nos hemos amado y sacrificado el uno por el otro sin apenas una discusión, porque tenemos una confianza muy profunda y permanente.

En un matrimonio fuerte y sano, las funciones espirituales masculina y femenina cambian constantemente. Es una relación como el taichí, en la que de un momento a otro una persona es la dominante y la otra la que apoya, y esas funciones se van cambiando con el dinámico ritmo e intercambio de las polaridades de la vida. Cuando las dos personas tienen el mismo grado de madurez y de deseo de hacer que la relación funcione, la cualidad de ceder ante el cónyuge para que una persona pueda ser la parte dominante es simplemente parte del proceso del dar en una relación.

Si dos personas están unidas en matrimonio, a veces una de ellas tendrá que renunciar. Mi esposo Mark se hacía a un lado y me dejaba hacer lo que yo quería, y otras veces yo me hacía a un lado. Había un gran equilibrio. Esto es como una danza cósmica. No es que uno suprima al otro, sino que es el aspecto del sacrifico propio de cada relación.

Sé que Mark se sacrificó mucho por mí y, algunas veces, expresaba las cualidades femeninas que yo consideraba que correspondían a mi función. Él me enseñaba, y no había cosa que le alegrara más que ponerme delante de la gente.

Una de las necesidades internas más fundamentales de la mujer en su función espiritual de ser portadora de la polaridad femenina es la de entregarse completamente. Muchas mujeres pueden encontrar esto en una vida de servicio. El matrimonio ofrece una oportunidad a la mujer para servir con amor y que los talentos y dones de su esposo e hijos puedan florecer. Sin importar lo que parezca ocurrir en el matrimonio en lo exterior, para muchas mujeres es esencial que puedan experimentar esta entrega en un nivel interior más profundo para sentirse realizadas.

En el matrimonio, el hombre tiene una iniciación, o dificultad, parecida en la polaridad masculina. El sacrificio del hombre es su labor, su trabajo para ganarse la vida y cuidar de su esposa e hijos. El hombre debe ser libre para crear y forjar su destino. A menos que integre su voluntad, su mente y su corazón por esa labor, que él trae simbólicamente como un ramo de flores a su esposa, no se sentirá totalmente realizado en el matrimonio.

MATRIMONIOS KÁRMICOS

Nadie de nosotros sabe en qué nos metemos cuando comenzamos una relación o un matrimonio. Las personas crecen y, ciclo a ciclo, a través de los años, el karma se va manifestando. Cosas que al principio no veíamos en nuestro cónyuge pueden emerger después; o la química de la relación puede hacer que aparezcan situaciones que uno jamás sospechó. Así, algunas veces los matrimonios kármicos son breves y otros duran toda una vida.

Si una pareja tiene un karma difícil de vidas anteriores, siempre que el karma exista este será obligatorio, a menos que tengan un medio alternativo de resolverlo. En tales casos, el matrimonio proporciona el crisol, la intensidad del amor y el servicio necesario para saldar el karma, especialmente cuando ello conlleva la crianza de hijos y el cuidado de una familia.

Cuando nos damos cuenta de que estamos en una relación así, quizá viendo que esa persona no es nuestra llama gemela, no es lícito que por eso tratemos la relación con desgana o incluso con rencor y que no demos el mejor y más ardiente amor que tengamos desde nuestro corazón. Es como si dijéramos: «Bueno, esta persona no es mi llama gemela. Esto es solo una situación kármica, así es que voy a esforzarme solo un poco y esperaré a que llegue la pareja adecuada». Esta es una manera buenísima de extender la resolución del karma y de incurrir en más karma.

Si quieren saber si su matrimonio es kármico o si son llamas gemelas, puede servir de ayuda el ir al corazón, rezar y hacer decretos con fervor para purificar su conciencia. Dense tiempo para trascender el presente nivel de conciencia para que puedan recibir un conocimiento claro de la naturaleza de su relación. Cuando se eleven en conciencia, puede que consigan tener la perspectiva sobre si se trata de un matrimonio kármico o no.

Si las dos personas en un matrimonio kármico se esfuerzan juntas, pueden hacer crecer su amor y servicio, como hizo la siguiente pareja.

*Era el día de mi boda. Mi futuro esposo y yo estába-
mos muy enamorados. Yo estaba segura de mi unión, pero
en un nivel profundo aún quedaba algo de confusión en
mi alma. Le amaba de verdad, pero durante el año anterior a veces había tenido momentos en los que no lo veía
claro. ¿Cómo podía saber si esta persona era la que tenía
que ser? ¿Y si el matrimonio se tornara difícil y yo necesi-
tara salir de él? ¿Estoy enamorada de verdad o es que solo
quiero casarme? ¿Viviría feliz para siempre? Tantas preguntas y ninguna respuesta satisfactoria.*

*Se abrió la entrada principal de la iglesia. Vi a mi
novio de pie, nervioso, ante la barandilla del altar. Mi
padre me tiró del brazo. No me podía mover; tanta agita-
ción dentro de mí. ¿Qué pasará, qué pasará, qué pasará?*

*Mi padre se inclinó y me susurró al oído que había
que empezar, y me pellizcó en la parte interior del brazo.
Siendo como era, pensó que la cosa tenía gracia y que era
normal. Su alegría rompió el miedo que sentía y por el
pasillo fuimos desfilando.*

*¿Fuimos felices para siempre? Sí y no. Ha sido un
matrimonio kármico, con ciclos de gran felicidad y satisfacción y ciclos llenos de dificultades. Tras muchos años,
las mareas del karma en su retorno nos enseñaron a decidir cuáles serían las prioridades de nuestra vida. Teníamos
que decidir si nos apoyaríamos mutuamente dando más y
amando más intensamente. Y lo más importante es que
debíamos discernir si podíamos crecer espiritualmente y
llegar a ser más y más nuestro yo real durante ese proceso.*

*Hemos aprendido a alimentar nuestro matrimonio
con mucho más dar y recibir, tiempo para la diversión en
familia, viajes, servicio a la comunidad y un fuerte compromiso con un sendero espiritual. Además, después de
muchas largas y honestas conversaciones y mucha oración,*

hemos decidido seguir juntos para criar a nuestros hijos y confiar en Dios para que nos guíe a través de las dificultades, que cada año surgen menos. Al mirar atrás a nuestros muchos años de matrimonio, está claro que las conversaciones largas y honestas se repitieron muchas veces y el compromiso mutuo se volvió a renovar. Aprendimos a ser honestos, a aguantar la incomodidad hasta conseguir llegar a una resolución y llegar al otro lado más fuertes y en paz. Hemos aprendido que la inversión en nuestras vidas espirituales y apoyo mutuo en cuanto a nuestro crecimiento durante los tiempos de cambio forma parte de cualquier relación que merezca la pena.

Con el tiempo, a medida que nuestro karma se va resolviendo, observamos cómo el amor y la alegría aumentan, y así continuamos rezando y trabajando para vivir «felices para siempre». Nuestro círculo de amor crece y se expande en nuestros hijos y nietos, nuestros amigos y nuestra dedicación hacia varios empeños de servicio a la comunidad. Nuestro corazón nos dice que para nosotros, el trabajo ha merecido mucho la pena.

EL DIVORCIO:
QUEDARSE JUNTOS *o* IR POR CAMINOS DISTINTOS

Los problemas sociales de la vida moderna afectan a la unión del matrimonio. Los síntomas de una familia asediada están descontrolados: embarazos en adolescentes, dificultades económicas, un aumento en el crimen y abuso de drogas, el abuso infantil y violencia familiar. El estado del matrimonio está siendo comprometido y está en peligro. La tasa de divorcios es alta. Algunos matrimonios son fríos y débiles, y los hijos se crían en este ambiente. Algunos niños crecen sin el amor que el padre y la madre deberían impartirles.

A las presiones sociales sobre el matrimonio se añaden los problemas personales. Cuando estamos casados y tenemos hijos, nuestra vida ya no nos pertenece. El esposo y la esposa deben estar constantemente sirviendo, dando y también sacrificándose por la familia. Aunque existen muchas y buenas razones para divorciarse, el fin del matrimonio se produce normalmente porque las personas, que podrían ser compatibles, no están dispuestas a sacrificarse por el bien de la familia. Si una de ellas deja de dar, el matrimonio se puede ver en peligro. Además, puesto que la gente tiende a ser egoísta y a esperar demasiado de sus compañeros, pueden pensar que si todo no es perfecto en el matrimonio, este debería disolverse.

En algunas situaciones el divorcio es procedente, mientras que en otras puede que no sea la mejor alternativa. A veces las personas se divorcian porque no están dispuestas a examinar sus propias reacciones y a responsabilizarse de ellas. Por ejemplo, hay personas que condenan a su cónyuge o que sienten rencor. Puede que les falte tolerancia porque su cónyuge practique una religión distinta a la suya. O quizá su compañero o compañera tenga otros intereses, cosas distintas que le gustan y que le disgustan, y esto da lugar a la infelicidad o el conflicto. En realidad, el matrimonio es por naturaleza una mezcla de similitudes y diferencias, y si los dos cónyuges son muy parecidos, el matrimonio podría convertirse en algo insulso y aburrido.

No hace mucho recibí una llamada telefónica de una joven que estaba muy dedicada a su religión, pero estaba casada con un hombre que no tenía ningún interés en ella. Además, a él no le gustaban las prácticas religiosas de ella ni el tiempo que invertía en ellas.

Esta mujer me llamó, y me dijo:

—Llevamos separados dos semanas. Me siento muy avergonzada por tener un esposo que no tiene las mismas creencias que yo. Creo que nos vamos a separar, pero antes tenía que hablar con usted. ¿Qué debo hacer?

—En primer lugar —yo le dije— el matrimonio no puede perdurar a menos que ustedes se amen mutuamente con todo el corazón. ¿Usted lo ama?

—Sí.

—¿Él la ama?

—Sí.

—¿Entonces por qué se están separando?

—Bueno, es que no tenemos la misma fe.

—¿De qué se preocupa? —le dije yo—. Eso no es un problema de usted; es un problema de Dios. ¿Él es un buen esposo?

—Sí.

—¿Quiere mantenerla y protegerla?

—Sí, es un esposo perfecto.

La cuestión no es en qué crea su esposo. Alguien puede ser un ejemplo vivo de persona amable y digna de confianza sin entender conscientemente un sendero espiritual. Observen a la persona con la que están casados. ¿Demuestra amor? ¿Vive una vida honorable? ¿Es un buen hombre o una buena mujer? ¿Cumple el pacto matrimonial, la función en el matrimonio? ¿La respeta? ¿Usted la ama? Si a todo esto contesta que sí, entonces deje su preparación espiritual a Dios.

Es importante que los esposos respeten el derecho que tiene la otra persona a sus propias creencias religiosas. Si su cónyuge tiene otra religión, pregúntenle a qué iglesia va. Luego vayan a esa iglesia juntos. Si su esposo quiere venerar a Dios en las montañas, vayan de caminata con él el domingo por la mañana y recen en las montañas. Lo que cuenta es lo que ustedes son; lo que cuenta es la luz y el amor.

Así es que le dije a la mujer que me llamó:

—¿Alguna vez va a la iglesia con su esposo?

—No.

—¿Qué hace los domingos por la mañana? —le dije.

—Bueno, voy a mi iglesia.

—A qué hora empieza.

—Pues empieza a eso de las once.

—No pueden encontrar una iglesia que le guste a su esposo a la que puedan ir juntos a las nueve.

—Pues no se me había ocurrido.

Cuando le hablé de esta situación, ella me dijo que su esposo había ido a verla tras dos semanas y se puso a jugar con su hijo pequeño en el salón. Me dijo cuánto él adoraba al niño y qué terrible sería que se separaran. «Sí, sería terrible. Debería volver y decirle a su esposo cuánto lo valora, qué maravilloso es, que es muy bueno con usted, que está muy agradecida por que es el padre de su hijo y que quiere darle su apoyo». Ella se llenó de alegría.

El matrimonio requiere compasión mutua y requiere trabajo. Pero lo más importante es la armonía. Si hay hijos en la familia, es esencial que ellos vean a los padres unidos, una representación correcta y digna del Dios Padre-Madre y no una lucha y degradación constante de uno mismo y su cónyuge. Si constantemente hay una falta de armonía entre el esposo y la esposa, podrían estar creando más karma juntos que si estuvieran separados. En tal caso, podría ser lícito que la pareja considerara separar sus caminos.

Si un matrimonio no funciona, la pareja puede llegar a la conclusión de que su finalidad se ha cumplido y que tienen otras preocupaciones y vocaciones que atender y metas que cumplir. Cada cual tendrá que reflexionar profundamente para llegar a esa conclusión. Y si hay niños, todo es, por supuesto, más difícil.

Seguir casados por el mero hecho de seguir casados no es razón suficiente para mantener el compromiso, igual que el amor por el hecho de amar a una personalidad humana o el sexo por el sexo no es motivo suficiente para mantener esas relaciones. Todos cometemos errores; por eso, si en algún momento sienten que el matrimonio fue una equivocación, no tiene por qué ser una obligación para toda la vida. Quizá cuando se casaron no comprendían totalmente la importancia que tenía el matrimonio ni sus implicaciones; o quizá, con el tiempo, crecieron en una dirección diferente a la de su cónyuge.

Puede que hayan llegado a un punto en la vida en el que, independientemente de lo que los demás piensen, hagan, quieran o necesiten, ustedes comprenden que no se sienten realizados y que no aportan nada ni a su talla espiritual ni a la de su cónyuge. Si no hacen nada por la ansiedad, los anhelos y el tirón que sienten, nadie ganará. Y aunque la persona con la que están casados pueda pensar que el matrimonio va bien, este bien podría estar impidiendo el progreso de esa persona así como el suyo propio.

Al final, debemos tomar decisiones abnegadas, pero también hemos de tomar decisiones egoístas. Lo que quiero decir con egoístas es que si no nos conservamos para dar una día más, podemos descubrir que, junto con el universo, seremos unos perdedores.

El divorcio bien podría ser el mejor paso en la vida para las dos partes en una situación dada. Podemos mirar el propósito de una relación desde el sentimiento del alma al pasar por una experiencia, un proceso de aprendizaje o el pago de una deuda kármica. Cuando las personas se han esforzado en el matrimonio pero siguen sintiendo que su finalidad se ha cumplido, no tienen por qué sentir la obligación de continuar con una relación que o bien no tiene un fin o bien ha llegado a ser negativa.

Comprensiblemente, puede resultar difícil saber cuándo nuestro karma se ha saldado. Podemos deberle a alguien tanto karma que cuando hayamos terminado de pagarlo, tendremos una costumbre tal de estar con esa persona que esa costumbre continuará cuando el karma ya se haya terminado.

Si una pareja decide divorciarse, recomiendo que esperen al menos dos años antes de volver a casarse. Esto permite que las personas trabajen en sus aspectos psicológicos, transmuten su karma y se coloquen en un punto más alto de conciencia para poder atraer al esposo o la esposa perfecta

EL MATRIMONIO y la FAMILIA
COMO UNA UNIÓN LLENA de AMOR

Envuelta en la sagrada relación del matrimonio, la familia provee de una base para la creatividad y la expansión del amor. Porque la verdadera función de la familia es crear un círculo santificado de la vida con amor en su centro. De hecho, la familia es la unidad básica del amor divino en la Tierra. El amor entre el hombre y la mujer forma un círculo de amor que se agranda, tal como la abnegación se agranda, para incluir primero a la descendencia, luego a la comunidad y después al mundo entero, ese círculo de amor. Esa unidad de amor es el amortiguador para todos los que moran en la familia. Es una unidad de equilibrio y plenitud al honrar hombre y mujer, juntos, sus votos de amor y al conseguir la maestría sobre sí mismos.

La definición de *familia* es padre y madre en unión de amor.[*]
En última instancia, su finalidad es que el hombre y la mujer trabajen como uno solo al servicio del Yo Superior de todos. Así, la familia es la cuna para dar a luz al Yo Superior en el padre, la madre y su descendencia. Es el lugar de nacimiento no solo de las almas entrantes, sino también del ingenio creativo de nuevas ideas, proyectos y servicio al mundo.

La familia es el sitio de la oportunidad para que las almas compartan el karma positivo y salden el negativo. Algunas veces Dios asigna un niño a una familia porque uno de los padres, o ambos, tienen buen karma con el alma de ese niño. A veces esto es porque hay algo de vidas anteriores que se debe resolver entre los padres y el hijo o entre el niño y sus hermanos. Y algunas veces es una mezcla de las dos cosas: un poco de buen karma y un poco de falta de resolución. A través de las interacciones diarias entre los miembros de la familia se descubren asperezas y existe la oportunidad de practicar el perdón, la tolerancia y el amor.

Las almas también pueden entrar a formar parte de una familia

---

*En inglés *f-a-m-i-l-y*: *f=father* (padre), *m=mother* (madre), *i=in* (en), *l=loving* (amor), *y=union* (unión).

mediante la adopción. El azar no tiene lugar en la adopción. El alma de un hijo adoptado puede ser la misma que la que pudiera concebir una pareja biológicamente. A veces uno de los padres biológicos, o ambos, tiene el karma de dar a luz a un hijo para que el niño, mediante la adopción, pueda llegar a los padres que Dios haya señalado, pero que quizá no pueden tener hijos propios. Si el nacimiento de ese niño no implica ningún karma, es un servicio que los padres biológicos pueden realizar para que esa alma pueda cumplir su misión con la familia que Dios ha ordenado para ella.

Independientemente de si los padres son biológicos o adoptivos, las familias se forman para que se aprendan lecciones, se salde el karma, se aumente el amor y sirvan juntos. La vida espiritual de los padres puede ofrecer protección, fortaleza y armonía a la familia. El cuidado amoroso y las oraciones sentidas que la madre y el padre pueden ofrecer por sus hijos suponen una de las mayores alegrías que se tienen al formar una familia.

CAPÍTULO 10

EL RITUAL *del* MATRIMONIO

*S*e trate de la unión de llamas gemelas, almas compañeras o compañeros kármicos, el matrimonio entre un hombre y una mujer está destinado a ser místico, una conmemoración de la reunión del alma con Dios a través del Yo Superior. Dios ha ordenado la celebración de esta unión en la tierra mediante el ritual del matrimonio, la unión sexual entre esposo y esposa. Esta celebración de la unión sagrada es para la procreación de la vida, para que la vida engendre vida, para la expansión del amor.

El intercambio de amor divino en la relación matrimonial ha de ser el mismo amor creativo que forjó el universo en el principio, cuando Dios como Padre ordenó: «Sea la luz», y Dios como Madre respondió: «Y fue la luz»[1]. Este flujo creativo se puede expresar no solo en la unión física, sino también, si la pareja lo quiere, durante los ciclos dedicados al celibato en que cada persona se dirige a su interior para comulgar con Dios.

La emisión de las energías del fuego sagrado en la unión sexual es probablemente la experiencia más intensa que conocemos en este plano físico. Es la emisión de una gran cantidad de energía, física así como espiritualmente. Por tanto, Dios nos ha dado el sacramento del matrimonio y el selle del matrimonio con la invocación de la bendición para bendecir y proteger esta emisión de fuego sagrado.

EL AMOR PRODUCE *una* CREACIÓN

El verdadero significado del ritual de la unión sexual en el matrimonio es el de intercambiar las energías sagradas, expresar amor y equilibrar las polaridades masculina y femenina de los cónyuges. La luz-energía que resulta de esta fusión aumenta las cualidades positivas de cada uno de los cónyuges y fortalece su propia identidad divina, dándoles la capacidad de contener y transmutar el karma que comparten.

En el intercambio de fuego sagrado, nuestro corazón rebosa de amor y sentimos la mismísima esencia de las energías de la creación. Cada vez que se practica la unión sexual como un ritual lleno de amor entre el esposo y la esposa, se produce una creación. Esta creación puede ser un hijo, una obra de arte o un servicio realizado por la humanidad. O puede ser algo menos físico, quizá una idea original, un sentimiento de alegría o una inspiración. A través de la unión de las energías masculinas y femeninas, ustedes juntos producen algo que es más grande que lo que pueden crear por separado. Cuando mediten en Dios durante el ritual del matrimonio, Dios llenará su creación de una vida que es trascendente y continua.

La profunda conexión personal entre esposo y esposa mediante la unión sexual también alimenta la intimidad y la sintonización mutua. Ellos comparten compasión y ternura así como gratitud y aprecio. Cuando la unión sexual se hace espiritual y equilibrada, la relación matrimonial se llena de optimismo y vitalidad. Los matrimonios pueden ser más armoniosos y felices porque se satisfacen las necesidades espirituales así como las emocionales y las físicas. La pareja puede sentir una expansión y creatividad en su matrimonio. Matrimonios así están preparados para ofrecer un mayor servicio a sus hijos, sus comunidades, sus profesiones y al mundo.[2]

DESEO SEXUAL

Amar a Dios en su esposo o esposa es una espiritualización del matrimonio. Adorar y venerar la luz de Dios en su cónyuge no es una falta de respeto hacia Dios. Antes, transmite el mayor de los respetos. Exalta lo más elevado y noble en cada cual. Simplemente significa que todas sus energías, incluyendo las sexuales, pueden espiritualizarse, y ustedes pueden experimentar amor en el nivel de la unión divina. Pueden amar a Dios en el hombre o la mujer y experimentar una atracción física y un deseo sexual. ¿Cómo se pueden conciliar estos sentimientos con una experiencia exaltada?

En última instancia, el deseo sexual es el deseo que Dios tiene de producir la creatividad más grande en todos los aspectos de la vida. Es el enorme impulso acumulado que Dios tiene de estar en manifestación física y es el impulso acumulado de la energía que se necesita para la unión de la simiente y el óvulo. Dios no creó el universo sin deseo. Tuvo que desear tener su universo. De igual modo, para que ustedes puedan crear, y esto se aplica a cualquier proyecto o creación que emprendan, también deben tener un deseo.

Si no ponen la plenitud de su hombría o su feminidad en el impulso del deseo, es como una olita rompiendo contra la orilla porque no tiene ningún deseo que la empuje. Miren las maravillosas olas que van saltando, las grandes olas, y entenderán la sensación del deseo que deben tener para construir su vida, para llegar a la excelencia en una profesión, para ser un esposo o un padre eficaz. Han de tener tantos deseos que cuando la ola rompa sobre la orilla de su vida, libere una igual cantidad de energía para la creación.

Cuando se comprende el deseo sexual, la espiritualización del sexo y la procreación se pueden convertir en una experiencia natural de hombres y mujeres. En vez de suprimir el deseo sexual, es la traducción del deseo sexual en creatividad divina, y ese cambio de conciencia puede ocurrir en un abrir y cerrar de ojos.

EL PECADO ORIGINAL NO EXISTE; NUESTRO ORIGEN ESTÁ *en* DIOS

La doctrina del pecado original, que se enseña aún hoy día, afirma que como resultado de la caída de Adán y Eva, todos los miembros de la raza humana nacen con un defecto moral. Aunque la mayoría de nosotros rechazamos esta doctrina con nuestra mente consciente, aún podemos albergar algún sentimiento de condenación relacionado con el sexo en niveles subconscientes.

Cuando de niña me enteré de esta doctrina, no podía entender cómo los pecados de alguien que había vivido hace cinco mil años o más me convertían a mí en una pecadora. Esta enseñanza no tenía lógica para mí y hasta el día de hoy no creo en ella.

Apenas se puede hallar traza alguna del concepto del pecado original en los escritos de los primeros padres apostólicos. No fue hasta el siglo v que estalló la controversia sobre la doctrina del pecado original. San Agustín enseñó que la mancha del pecado original se transmitía de generación en generación mediante el propio acto sexual. Debido a que él enseñó que el acto sexual siempre iba acompañado de lujuria, lo declaró inherentemente pecaminoso.

El pecado original no existe, porque nuestro origen está en Dios. Es así de sencillo. Por tanto, podemos pedirle a Dios que nos ayude a desarraigar de nuestro subconsciente cualquier sentimiento que nos quede de impureza o condenación en lo que respecta al sexo y la procreación. Podemos vernos libres de la prisión de la culpa, la vergüenza y la confusión en cuanto al sexo se refiere.

ESPIRITUALIZAR *la* UNIÓN SEXUAL

Sin la culpa en cuanto al sexo y el pecado original, la alegría de la unión sagrada puede ser restaurada. Esta unión sagrada refleja el estado natural de la unión del alma con su Yo Superior y con su Presencia Divina. En la unión matrimonial entre hombre y mujer en la tierra, nos acercamos a la dicha de la unión con el Ser Divino. Todo el ritual del matrimonio es una adoración a Dios. El amor entre la pareja determina la pureza y la luz en el intercambio de energías en la unión sagrada. Este amor creativo guía todas las acciones que se comparten en la unión sexual. No es un proceso mecánico ni una serie de técnicas especiales para obtener los resultados deseados. Es algo que está guiado por el amor. Es la emanación del amor dentro de uno lo que produce que todo lo demás ocurra según el orden divino.

Este amor es una comunión que se alcanza gracias a las oraciones y meditaciones en Dios, profundas y hechas de todo corazón, antes del ritual del matrimonio. A través de estas oraciones, se atrae la luz desde los chakras de la coronilla y la base de la columna hacia el corazón, como preparación para el descenso y el ascenso de la luz. Esta luz se lleva al corazón por la compasión y el amor mutuos.

Esta meditación en el corazón de la otra persona también sirve para expandir el fuego de su corazón y enviarlo al corazón de su cónyuge. Este ardiente amor dentro del corazón produce el deseo y la unión sexual. No se basa primordialmente en la atracción de los sentidos ni en el deseo de una experiencia sexual, aunque existe una atracción natural entre la esposa y el esposo. El amor del corazón produce el gozo, el placer y la espontaneidad de la unión sexual.

La meta de su meditación es ser transportados a las alturas de la sintonía espiritual al realizar el ritual del matrimonio. Para alcanzar este nivel de sintonía, pueden seleccionar música, canciones, decretos, oraciones o mantras que les den la capacidad de elevarse espiritualmente y que respeten su tradición espiritual y fe personales.

Poner música sagrada, y esto incluye la música navideña, es una de las mejores formas de llenar su hogar de un sentimiento de santidad. Es importante elegir la música con cuidado para que sus energías se eleven y no bajen debido a las letras o los ritmos sensuales. También pueden aprender a discernir la conciencia de aquellos que cantan y elegir grabaciones entre las grandes tradiciones espirituales del mundo de gente que tenga un gran amor, voces angelicales o una gran devoción.

Un período de meditación en silencio después de la unión sexual para terminar la elevación y el selle de las energías en el chakra del tercer ojo aumenta la realización espiritual de forma que no queden excesos de energía en los chakras inferiores. El chakra del tercer ojo puede actuar como un imán para elevar las energías de su cuerpo. Esta es la acción renovadora con que la pareja se eleva e inspira mutuamente. ¡Qué maravilloso es Dios, que nos ha dado esta experiencia y que puede estar tan cerca en el amor que compartimos!

El mayor secreto de la vida, el secreto de la creación, es sagrado. Pueden pensar en su conciencia como una flecha que pueden disparar a lo alto, hacia el cosmos, en el momento de unirse a Dios el uno en el otro durante la unión sexual. Y el objetivo de la flecha, de su conciencia, es el empuje de su amor y su deseo. El deseo de Dios dentro de ustedes es ver su flecha alcanzar la estrella más alta: el alma de su futuro hijo u otra hermosa creación de amor.

En lo alto de los Himalayas de la India, la siguiente pareja sintió la flecha de su amor alcanzar el alma de su futuro hijo:

Unos años antes de que yo conociera a mi esposo, que era de la India oriental, él tuvo una visión, cuando estaba en los Himalayas, sobre un alma que quería nacer a través de él algún día. Después de tres años de matrimonio y de prepararnos para ser padres, viajamos al nacimiento del Ganges en los Himalayas, un lugar muy retirado de la civilización al que llegamos después de muchos días de viaje, en automóvil y a pie.

Una vez allí, cada cual pasamos un día entero a solas, mi esposo haciendo sus meditaciones especiales y yo las mías, acompañados de la llama violeta y otras oraciones para purificarnos y transmutar el karma del pasado que hiciera falta limpiar antes de concebir un hijo. Recé por la protección de la concepción y gestación santa de esta alma. Cuando esa noche nos unimos, teníamos un estado de ánimo reverencial y estábamos muy tranquilos, imaginando la unión de los principios divinos masculino y femenino, las energías de Shiva y Shakti, como son conocidas en la tradición oriental, uniéndose y ascendiendo.

Eso ocurrió hace veinte años y ahora, esa misma niña, nuestra hija, ha regresado a los Himalayas en un viaje especial, donde está trabajando en un proyecto como periodista. Es realmente asombroso ver cómo todo esto ha cumplido su ciclo y cómo su alma ha sido llevada de vuelta a su hogar espiritual otra vez, gracias a una enorme oportunidad que Dios le dio de forma milagrosa.

EL CÍRCULO de UNIÓN

El círculo de unión es un ritual que pueden hacer para consagrar su unión sagrada y sellar el ritual del matrimonio en la pureza del amor de Dios. También pueden hacer este ritual para celebrar la unión con su llama gemela y con Dios. Simboliza el círculo de la totalidad divina o taichí. Dentro del círculo se siente la fusión del Dios Padre-Madre, del amor que se realiza en el amor. También pueden consagrar su amor a la reunión de su alma con su Presencia Divina y a su reunión final con su llama gemela dentro del círculo santificado de Dios.

Comiencen por meditar en la llama del amor que arde en su corazón. Visualicen el arco de su amor ascendiendo desde su corazón al corazón de su Presencia Divina. Sumerjan su mano derecha en los fuegos de su corazón y tracen un círculo de luz alrededor suyo y de su cónyuge. Visualicen este círculo de luz, de cuatro metros de diámetro, como una línea de fuego sagrado y véanse a sí mismos dentro de este círculo de unión protector.

Luego digan la siguiente oración para ustedes y su cónyuge con el fin de proteger y sellar el intercambio de energías sagradas. También pueden rezar para que los ángeles del amor y los santos querubines protejan la unión de su matrimonio.

En el nombre de Dios y en el nombre del Yo Superior, os llamamos, amados ángeles del amor, para que tracéis el círculo de vuestra unión alrededor de nosotros, mientras estamos adorando al Dios único. Haced que este círculo sagrado de unión tenga cuatro metros de diámetro, una línea de fuego sagrado, un anillo impenetrable contra todo lo que se oponga a nuestra unión de amor.

Sea consagrado nuestro amor a la unión final de nuestra alma con nuestro Dios.

Invocamos a los querubines protectores para que guarden hoy nuestro amor en los planos de la materia y nos ayuden a manifestar el honor, la paciencia y la ternura del amor divino en nuestra unión. Aceptamos que esto se cumpla ahora con pleno poder.

MANTRAS *y* MEDITACIONES
para la UNIÓN SAGRADA

El siguiente mantra es una afirmación que ustedes y su cónyuge pueden hacer juntos para afirmar su unión con el Dios Padre-Madre, con Dios como Padre y Madre dentro de ustedes. El Dios Padre-Madre es el centro de toda la vida. Toda la vida mana de esta unión perfecta, de la unión del Padre en el Espíritu y la Madre en la materia, la polaridad esencial masculina y femenina de la creación.

Yo y mi Padre uno somos.
Yo y mi Madre uno somos.

Las parejas casadas tienen un gran apoyo en la presencia amorosa de la Madre Divina de Oriente y Occidente: Kuan Yin, la bodhisattva oriental, y María, la madre de Jesús. Estas representantes de Dios como Madre les pueden ayudar en cualquier ámbito de su vida, incluyendo las relaciones, el matrimonio y la familia. Hacer sus mantras puede aportar luz a su ritual del matrimonio.

Kuan Yin es la Madre de la Misericordia, la salvadora cuya belleza, gracia y compasión son reverenciadas en templos, hogares y grutas en los caminos de todo Oriente. (Véase lámina 7). También es reverenciada entre un número creciente de devotos en Occidente. Kuan Yin es representada frecuentemente con un niño en los brazos, cerca de sus pies o sobre sus rodillas, o con varios niños rodeándola. Su corazón misericordioso socorre y guía a las almas en necesidad. El nombre Kuan Shih Yin, como se la llama con frecuencia, significa literalmente «la que observa, mira u oye los sonidos del mundo». Según la leyenda, Kuan Yin estaba a punto de entrar en el cielo, pero se detuvo en el umbral, cuando los gritos del mundo llegaron a sus oídos. Muchos creen que ella responde a la simple recitación de su nombre.

María, la madre de Jesús, es considerada tradicionalmente como la Reina de los Ángeles. (Véase lámina 8). Ella está muy cerca de la gente de la Tierra, como evidencian sus muchas apariciones en todo el planeta. Aunque ha sido reverenciada tradicionalmente por los católicos, todos podemos proclamarla como nuestra madre, nuestra hermana, nuestra maestra y nuestra amiga.

Entregamos nuestra devoción a María rezando el Ave María. Cuando decimos «Ave María», eso significa: «Salve, rayo de la Madre». Cada vez que decimos esta oración, ofrecemos un saludo a la luz de la Madre dentro de nosotros y dentro de todo lo que tiene vida. Ello activa la luz de la kundalini, que se eleva lentamente. Al ofrecer esta oración a María, ella puede transferirles su luz a ustedes para que mantengan la visión del bien más elevado para ustedes y su cónyuge. Las palabras de este Ave María difieren levemente de la versión tradicional, que afirma que somos pecadores. Dios no quiere que nos veamos como pecadores. En cambio, podemos afirmar nuestra identidad como hijos e hijas de Dios y podemos pedirle a María que rece por nuestra victoria sobre el pecado, la enfermedad y la muerte. También pueden pedirle a María que ponga su corazón inmaculado sobre su propio corazón como ayuda para solventar cualquier problema en su vida. Mucha gente cree haberse curado gracias a su intercesión. Ningún problema es demasiado grande o pequeño para que ella le preste atención.

Para espiritualizar la unión sexual y recibir las bendiciones e intercesiones de estas dos Madres Divinas en su vida, pueden meditar en su imagen y hacer los siguientes mantras tantas veces como quieran.

MANTRAS A KUAN YIN

Om Mani Padme Hum
(Salve a la joya en el loto).

¡Salve, grande y misericordiosa Kuan Shih Yin!

ORACIÓN A MARÍA

¡Ave María, llena eres de gracia!
el Señor es contigo.
Bendita tú eres entre todas las mujeres
y bendito es el fruto de tu vientre, Jesús.
Santa María, Madre de Dios,
ruega por nosotros, hijos e hijas de Dios,
ahora y en la hora de nuestra victoria
sobre el pecado, la enfermedad y la muerte.

No hay consuelo más grande en el universo que saber que somos un alma a la que el Dios Padre-Madre ama. Al recibir este amor y consuelo en su corazón, pueden impartirlo como el regalo más grande a su matrimonio, su familia y más extensamente.

PREGUNTAS Y REPUESTAS
con Elizabeth Clare Prophet sobre
El matrimonio y el sendero espiritual

¡PREPÁRENSE *para* DAR *el* SALTO!

P: Cuando me quiera casar, ¿qué debo buscar? ¿Debería buscar un alma compañera o una llama gemela?

R: Cuando desee casarse, debe olvidarse de todo eso. Debe desear estar enamorada. Debe buscar tener la devoción más grande que jamás pueda concebir hacia esa persona y el mayor deseo de pasar el resto de su vida con él.

No hay por qué ponerle una etiqueta al amor. Puede rezar. Puede preguntarle a Dios si es lo correcto y puede pedir que la guíen. Pero honestamente y en verdad, lo real es cómo usted se sienta y cómo ame. Debemos crecer en lo que respecta a nuestro sentido del amor. Los amores posesivos son amores posesivos; limitan mucho. Luego existen amores más profundos y amores espirituales. Cuanto más alto vayamos en nuestra evolución, más percibiremos qué clase de amor buscamos.

Cuando leemos sobre las personas que han sufrido un divorcio, a menudo dicen que finalmente, un día, se despertaron y se dieron cuenta de que habían estado atrayendo al mismo tipo de persona una y otra vez. Por ejemplo, quizá se hayan sentido atraídas por alguien que tenían que cuidar o por quien sentían lástima. Bien, en el momento en que se casaron, esa era su definición de amor. Luego se dieron cuenta de que la lástima no es una buena base para el matrimonio. Hay que tener algo más que lástima. Sentir lástima por las personas no supone un beneficio para usted ni para ellas.

Para muchos de nosotros, si no superamos ciertos aspectos psicológicos, atraeremos al idéntico tipo de persona al que acabamos de dejar o del que nos hemos divorciado: los mismos problemas, la misma personalidad, pero en un cuerpo distinto. Este patrón puede continuar hasta que venzamos nuestras vulnerabilidades y lleguemos a un punto más alto. Ahí esté el peligro de abalanzarse hacia una relación nueva o de volver a casarse demasiado pronto. La persona puede no haber cambiado lo suficiente para casarse con alguien que está en un punto más alto porque ella misma no ha llegado a un punto más alto.

Como ve, al final podemos entender y percibir qué es lo que nos atrae a cierto tipo de relación. Entonces podemos decidir si queremos mantener una relación en ese nivel o si queremos algo más. Si comprende que no quiere algo más, puede ajustar consiguientemente aquello que busca.

P: ¿Cómo podré saber cuándo tengo la suficiente plenitud para comprometerme al matrimonio? He tenido la misma relación durante los últimos dos años y se está desarrollando bastante bien.

R: Bueno, una de las razones por la que la nos casamos es que, mientras nos esforzamos por alcanzar la plenitud, casarnos nos ayuda a tener a alguien que nos complemente. Es una cuestión de saber en qué áreas nos falta la plenitud, si podemos o no podemos continuar en ese estado o si nuestro compañero o compañera podrá. También es una cuestión de saber qué áreas tiene nuestro compañero o compañera que están incompletas, y decir: «Amo a esta persona lo suficiente como para poner lo que falta, proveer la otra parte en la relación». Y uno ha de sentirse muy feliz de ofrecer sus puntos fuertes a cambio del regalo que suponen los puntos fuertes de la otra persona, y eso es como el símbolo del taichí en la totalidad divina.

Hasta cierto punto, cada cual pone lo que le falta al otro. Sin embargo, eso no significa que uno ponga la plenitud por la otra persona, porque cada cual ha de ponerla por sí mismo. El problema se produce cuando uno no reconoce su propia falta de plenitud, porque entonces podría esperar que la otra persona lo ponga todo, que llene todas esas partes de uno mismo que solo uno mismo puede llenar. Madurez significa entrar en el matrimonio sin esperar que nuestro cónyuge provea las cosas que uno debería encontrar en Dios, en su corazón y en su Yo Superior.

Existe una relación con Dios que nadie puede sustituir, nadie más puede satisfacer. Y si intentan que la persona con quien están casados, incluso su llama gemela, satisfaga esa relación, siempre quedarán decepcionados. Existe un sitio en su ser que es solo para ustedes y Dios, y eso también deben saberlo. Deben poder retirarse a ese sitio cuando tengan los altibajos de la vida.

En vez de pensar en términos de plenitud, deben ver si son lo suficientemente maduros para decir: «Puedo afrontar el matrimonio. Puedo afrontar mi karma y su karma. Puedo afrontar las eventualidades, sean cuales sean, porque nuestro amor y nuestro amor por Dios es más grande que todas esas cosas».

P: **¿Cómo puedo prepararme para el matrimonio de forma que los problemas se reduzcan al mínimo?**

R: Si usted está destinada a casarse en esta vida, puede rezar por la protección de la persona con la que está destinada a casarse, aunque nunca la haya visto. Hay otras formas de prepararse, como la curación psicológica y física, prestar servicio a otras personas y a Dios, y mejorar como persona.

Puede que usted no esté preparada aún para la persona con quien se casará. Muchas veces pienso que las dos personas que están destinadas a conocerse son como dos estrellas en los cielos y cada una de ellas sigue una trayectoria a través del cosmos.

Solo cuando alcanzan el punto en el que sus caminos se cruzan es que se pueden encontrar. No llegarán a ese punto a menos que ambas se estén elevando por una espiral ascendente, subiendo y sin estar satisfechas con ser hoy lo que fueron ayer. Más bien, miran continuamente al nuevo día resplandeciente como una oportunidad de dar a conocer más de sí mismas.

No debe casarse con alguien que esté satisfecho con ser cómo es hoy, que no tenga ningún deseo de ir más allá y que quiera añadirle a usted en su vida porque cree que le complementará bien y le dará la capacidad de permanecer en la meseta a la que ha llegado. Y tiene que conocer y observar a las personas para ver si se esfuerzan, porque si usted es la clase de persona que va avanzando, no solo se cruzará con ellas, sino que llegará mucho más lejos que ellas. Por eso, una parte de su preparación puede ser la de decidir si su compañero va avanzando en la vida al mismo ritmo que usted y viceversa. Esto es un factor decisivo en la relación y lo lejos que esta puede llegar.

P: **¿Qué podemos hacer por nuestro matrimonio cuando no estamos en el mismo sendero espiritual?, ¿Y qué puedo hacer si mi esposo tiene discordia?**

R: En primer lugar, usted y su esposo no tienen por qué estar en el mismo sendero espiritual. Pero sea cual sea la situación, lo principal que puede hacer es rezar por sus seres queridos en vez de luchar en contra de ellos. Tengan una visión positiva de su potencial y de quiénes son en realidad. Sea una persona que sirve. No tenga miedo de servir a su esposo o su esposa. No es degradante. No es indicación de desigualdad; indica amor. Podemos servir y atender a nuestro esposo o nuestra esposa sin sentir que hayamos comprometido de ninguna manera nuestra identidad.

Lo más que se puede hacer por un esposo o una esposa que tenga discordia es continuar amando y dando más amor. Pedir la llama violeta para transmutar esas energías también sirve de ayuda. Pueden rezar a los ángeles, incluyendo al Arcángel Miguel. Recen por su protección.

No se rindan solo por haber tenido algunos problemas en su hogar. Esfuércense bien, llenando la situación de luz y oración. Y sacrifíquense más, entréguense más.

¿Qué invertirán en el matrimonio? Obtendrán de él todo lo que inviertan en él. Cosecharán alegría como recompensa. Inviertan más y no sean mojigatos ni se justifiquen a sí mismos cuando crean que se han equivocado. Eso es una trampa. Solo den, den más.

La otra persona será más hermosa, más maravillosa a través de ese proceso. O si no es la persona adecuada, puede que se vuelva peor porque no puede tolerar la pureza de su amor.

Entonces su amor hacia una persona hará que salga lo mejor y lo peor de ella. Y cuando salga lo peor, debemos tener una compasión total. Y puede que haya que dar esa compasión setenta veces siete, perdonando hasta que Dios nos diga: «Esta persona no va a cambiar. Es hora de que pases la página».

LAS AVENTURAS AMOROSAS y el DIVORCIO

P: **¿Por qué son tan frecuentes las aventuras amorosas extramatrimoniales? Me siento demasiado joven para casarme pero cuando lo haga, no quiero que me pase eso.**

R: Las aventuras amorosas ocurren por muchas razones. La gente a veces tiene aventuras para experimentar o representar sus fantasías. Puede que intenten compensar romances no realizados o matrimonios aburridos. Algunas personas pueden ir buscando emociones fuertes. Otras pueden venir de familias donde haya habido infidelidad y, por tanto, estarán volviendo a manifestar las situaciones que presenciaron en sus años de formación.

Además, las aventuras amorosas pueden suceder en relaciones donde las personas están esforzándose juntas por un propósito común y pasan muchas horas juntas. Este es normal dadas las expectativas de nuestra cultura moderna; o cuando las personas no tienen un compromiso en su matrimonio. Esas aventuras amorosas pueden durar unos meses, seis meses, un año o más y de repente, se terminan. Así es que una persona puede tener muchas aventuras durante, por ejemplo, un período de cincuenta años de vida y trabajo. Y desgraciadamente, esto no es poco común en nuestra sociedad.

Cuando las aventuras amorosas se terminan, la fuerza vital se habrá gastado. A las personas no les queda una ganancia neta a raíz de haber pasado por esas relaciones, porque las aventuras amorosas no son lícitas. Lo que habrían obtenido del proyecto positivo en cada relación se convierte en un gasto de energía.

Otra situación es que, algunas veces, cuando una pareja decide ser célibe, puede generarse, como consecuencia, una atracción hacia otras personas. Aunque quieran con sinceridad abstenerse de las relaciones sexuales, quizá no tengan la maestría sobre sus energías sexuales para poder permanecer célibes. El celibato entonces se convierte en una espiritualidad forzada más allá del nivel de logro existente. Así, cuando las personas intentan permanecer célibes en su matrimonio, se ven atraídas por otras personas fuera del matrimonio.

Sea cual sea la naturaleza de la aventura amorosa, se opone al amor sagrado de la unión matrimonial y, como sabemos, puede destruir esa unión.

P: **Si hemos afrontado dificultades en nuestro matrimonio durante años pero aún no lo hemos resuelto todo, ¿deberíamos divorciarnos?**

R: Bueno, puede que sea el momento de divorciarse o puede que no lo sea. Yo creo en el trabajo, y en trabajar duro, por el matrimonio. Deberíamos intentar que nuestro matrimonio funcione. Y creo que siempre debemos dar más amor, más allá de nuestro cónyuge como persona, a Dios. Nuestra devoción debe ser para Dios y nuestra llama gemela.

Pero si la relación no funciona para nada, entonces deberíamos ser inteligentes y reconocerlo, rezar y procurar no alargar la relación más allá del tiempo lícito. No debemos crear más karma y más pérdidas para la vida de las dos personas, cuando podríamos estar realizando mucho bien sin la carga de una relación que, obviamente, no conduce a ninguna de las partes en una dirección constructiva.

Los cónyuges deberían buscar en su alma para descubrir si han hecho o no todo lo que posible para procurar armonía para el matrimonio y el hogar, y hacer que las cosas funcionen. Si los desacuerdos y la falta de armonía es tal que a los esposos les resulta más costoso seguir juntos que estar separados, lo mejor para ellos puede ser separarse. Claro está que la situación de cada pareja es distinta, pero el amor debe ser el tema dominante. Nunca deben dejar a una persona, especialmente en este tipo de relación, a no ser que sea con el más puro amor, perdón y comprensión. Si se van a separar, deben esforzarse por soltar toda la amargura y seguir su camino en paz.

CLAVES *para un* MATRIMONIO EXITOSO

P: **¿Puede darme unas directrices sobre cómo puede trabajar unida una pareja para tomar decisiones prácticas?**

R: En toda relación, ya sea entre amigos o en el matrimonio, hay decisiones que no tienen importancia: ¿Qué vamos a comer? ¿A dónde vamos? ¿Qué nos ponemos? ¿A qué hora haremos esto? Luego hay asuntos más importantes: ¿Cómo emplearemos el dinero? ¿Cuántos hijos tendremos? ¿Dónde viviremos?

Hay muchas decisiones que afectan a las dos personas. Y si llegan a un punto muerto, recuerden lo que Mark decía siempre: no tienen que decidirse inmediatamente.

Si ven que hay algo que no está del todo bien en las percepciones de su cónyuge o que le falta ver la situación desde una perspectiva más grande y que eso influiría en la decisión de otra manera, puede rezarle al Yo Superior de su pareja y a Dios pidiendo la comprensión correcta y una resolución. Sean suficientemente compasivos para permitir que su pareja pase por el proceso y llegue a la conclusión correcta, porque nadie es perfecto y nadie puede tomar estas decisiones súbitamente.

Si hay un enfrentamiento y ustedes insisten en su idea, los dos pueden no tener razón. Por eso es bueno que encuentren una forma de posponer la decisión haciendo una pausa o reuniendo más información para tener una mejor perspectiva.

En nuestra vida personal, todos sabemos que podemos estar muy seguros de algo porque, por ejemplo, conocemos cinco hechos acerca de la situación. Y por tanto, creemos que hay que ir en esa dirección, creemos firmemente en ese candidato político, estamos seguros de algo. Y dos semanas después nos enteramos de otros cinco hechos y nos damos la vuelta para considerar las cosas de otra forma.

Cuando todo está a la vista y han rezado pidiendo guía interior, entonces es más fácil apoyarse en la otra persona y decir que sí. Y cuando la decisión es un acuerdo con su Yo Superior, entonces se quedarán en paz. Pero si alguien en su vida toma una decisión por ustedes y no sienten en su interior que sea lo correcto, han de hallar una forma armoniosa de resolver la situación y confiar en Dios para que les ayude a superarlo.

Mark nos decía muchas veces: «No confíen en ninguna persona». No podemos confiar en el yo humano del otro. Debemos confiar en Dios para que use a esa persona como un instrumento hacia Su voluntad y Su decisión. Es una lección importante que hay que entender. De otro modo, se convertirán en idólatras de su esposo o esposa y dirán: «Sí, esta persona no se puede equivocar». Y entonces estarán abdicando su propia sabiduría interior y el respeto por sí mismos.

P: **¿Cuál es el consejo más importante que puede darme sobre cómo hacer que mi matrimonio dure?**

R: No atosigue. Ese es mi consejo. Cuando la esposa atosiga al esposo, criticando esto y lo otro, lo castra. Lo asfixia y le impide tener la fuerza que debe tener en el matrimonio y en el hogar. Una de las peores cosas con la que una persona tiene que vivir es que lo atosiguen constantemente, algo que, sencillamente, arruina la relación. Tanto si es el hombre el que atosiga como si es la mujer, da lo mismo. Esto no debe pasar en una relación de amor.

Otra cosa es, no intentar que él cambie. Si no le gusta cómo es, no se case con él. Esa es una de las equivocaciones más grandes que comete la gente. He visto parejas casarse y la esposa creía que una vez casada, conseguiría que el esposo dejara de beber, de hacer apuestas, de fumar o según sea el caso, y eso no funciona.

P: **¿Pueden dos personas fuertes e independientes perseguir carreras profesionales y tener un buen matrimonio?**

R: Ciertamente se puede tener una carrera profesional y satisfacer el deseo de ser madre y tener hijos. Los dos han de decidir en qué punto del ciclo de desarrollo de su matrimonio deben aparecer cada una de esas cosas y en qué orden, ya sea simultáneamente o en sucesión. Si Dios tiene una misión para los dos juntos, entonces deben saber que también tiene un plan en el que cada uno de sus talentos se puede realizar en armonía.

Por tanto, mire las prioridades de las cosas que pueden realizar solamente juntos y luego las cosas que cada uno tiene que realizar de manera individual. Junto con esto, pueden invocar la llama violeta para eliminar las asperezas en su relación. Si la relación lo merece, se puede comprometer con ella. Si hay amor, el amor, por naturaleza, se sacrifica en las dos personas, especialmente en dos personas fuertes.

Y así, es una pena que, cuando dos personas tiene carreras profesionales y fuertes personalidades, crean que por eso la relación no funcionará. Y en realidad es por eso por lo que debería funcionar, porque la gente necesita sentir en su compañero o compañera la misma fortaleza que tiene en sí misma y ser capaz de admirarla y trabajar con ella.

Ustedes no serían felices si no estuvieran con una persona muy fuerte y esa persona no se sentiría satisfecha si ustedes no fueran fuertes. Por tanto, se pueden dedicar el uno al otro y dedicarse a su misión, creyendo en el hecho de que las cosas pueden funcionar bien si hacen que así sea. Y los dos tendrán el beneficio de estar con alguien a quien pueden respetar y con quien se pueden solucionar las cosas, porque su cónyuge tiene una fortaleza igual a la suya.

PLANIFICAR *una* FAMILIA

P: **¿Qué nos puede decir de la planificación familiar y los métodos anticonceptivos?**

R: Los padres no deberían tener más hijos de los que puedan cuidar y que tengan la capacidad de amar. Está bien planificar la familia y hacerlo lo mejor que sepan. Si deciden no tener más hijos, procede buscar algún método anticonceptivo.

Sea cual sea este método, es aconsejable que haga el menor daño posible a la madre, como el de las barreras, y que no sea permanente, porque sus circunstancias pueden cambiar.

A menos que la vida de la madre esté en peligro, el aborto como medio de control de la natalidad está considerado como una violación de la llama sagrada de la vida. Por tanto, se han de estudiar y aplicar otros medios para predeterminar el círculo familiar. Porque cuando la vida, la vida sagrada, está en juego, no se debe actuar caprichosamente como si la elección de tener hijos sea una decisión que corresponde después de que haya tenido lugar la concepción. Dios, como potencial vivo, está en el niño desde el momento de su concepción.

P: **¿Y si me hice la vasectomía y ahora quiero tener un hijo?**

R: Si es una operación no permanente, intente que la reviertan. Si es permanente, considere la adopción de un hijo. La adopción también es una opción importante que las parejas pueden considerar. Dense cuenta de que Dios puede traerles la misma alma mediante la adopción que a través de la concepción normal.

También pueden considerar si desean patrocinar la vida ejerciendo como maestros o ayudando a las almas entrantes de alguna otra manera.

P: **¿Y si estoy casado pero no tengo el deseo de tener hijos?**

R: Usted y su esposa deben sentir el llamado de su corazón para tener hijos y cargar con la responsabilidad de amarlos, cuidarlos y educarlos. Algunas parejas deciden no tener hijos y esto, por supuesto, está bien. Podrán ofrecer a la vida otra clase de don, algo único de ellos. La pareja puede ofrecer un servicio unida o separada, pero en cualquier caso, el amor que siente la pareja se convierte en la base de cualquier servicio que elijan como su don a la vida.

EL DON *del* MATRIMONIO

P: ¿Cómo puedo saber si mi matrimonio está basado en emociones humanas o en una profunda conexión espiritual? He tocado música con mucha gente y jamás he sentido nada parecido a lo que siento cuando toco música con mi esposa. Como músicos, sabemos que la música remueve muchas emociones. Y uno nunca está seguro si la emoción es solo un sentimiento humano o si es algo divino.

R: El amor es parecido a un pájaro que queremos capturar y guardar en nuestro corazón. No nos gusta la naturaleza efímera del amor de ninguna forma. He aprendido que cuando las personas están buscando respuestas en la vida, no siempre saben cuál es la respuesta cuando se encuentran cerca de una situación. Pero al continuar creciendo interiormente, comienzan a tener una perspectiva más grande, un sentido de la medida de su luz interior al medir las experiencias que han tenido en su vida. Yo misma soy mucho más capaz hoy día de evaluar las experiencias que he tenido de lo que lo era cuando las tuve.

Y queremos tener la esperanza de que lo que estamos experimentando es lo más alto, que es eterno e intenso, especialmente en materia de intercambio en las relaciones. La naturaleza humana busca la permanencia del amor.

Cuando amamos, lo hemos de hacer intensamente. Hemos de amar a nuestros amigos, hemos de amar a las personas que conocemos. Y cuando percibimos con claridad que lo que nos devuelven no es el amor intenso que debería ser, puede ser una de las decepciones más profundas en la vida. Es una gran decepción experimentar una pérdida de fe en un amigo, en un conocido o un socio de negocios, el sentimiento de que alguien no ha sido fiel a un ideal, a un fin de cualquier tipo.

Simplemente confíen en las decisiones que hayan tomado, la armonía que hayan guardado, el hecho de que el matrimonio sea fructífero y bendito, y que continúen teniendo esas experiencias y estas continúen acumulándose.

No parece que usted tenga una medida que le dé la evidencia de lo contrario sobre su relación. No está recibiendo avisos. Algunas veces Dios nos lo revela como indicaciones que son casi subconscientes y que emergen muy rápidamente, y luego desaparecen. Esto desafía la idea que tenemos de nosotros mismos en ese momento y así, no queremos admitir, quizá, lo que los demás ven muy claramente. Pero no queremos admitirlo porque en nuestro actual nivel de desarrollo, ese punto es donde nos hemos colocado. Ahí es donde hemos decidido plantar la llama de nuestro amor, y queremos que funcione. Estamos resolviendo un karma, estamos resolviendo una situación.

Así, si yo estuviera en la misma situación que usted en su matrimonio, confiaría en lo que es evidente por sí mismo: que tiene esta experiencia única porque es divina, porque tiene una unión interior.

Creo que usted tiene esta experiencia especial con ella antes que con cualquier otro músico porque, obviamente, detrás de la relación está esa causa divina y hay una buena resonancia de las almas. Tienen como una armonía de almas. Hay entre ustedes una armonía muy profunda en la que el cosmos puede resonar cuando tocan música. Es una afinidad. Probablemente nunca se habrían casado si no hubieran tenido una profunda revelación de que había una gran vocación, un saber interior y una conciencia pasada del uno sobre el otro.

Es importante no arrancar los pétalos de la flor, no desarraigar el rosal. Deje las cosas como están y disfrute de ellas tal como son.

Es maravilloso que sean felices. Deben proteger esa felicidad y proteger esa dicha. Está bien hacer preguntas sobre ello, pero luego puede abandonar el sentimiento de querer hacer preguntas. Es un don hermoso, así que acéptelo tal como es.

Dele todo su amor a ese don y rece por su protección.

Es como una alquimia de Dios. Piense en la alquimia más perfecta que pueda concebir y désela a Dios. Él la revisa, la purifica y se la devuelve con correcciones. Es como un profesor poniendo nota a un trabajo. Así es como él le enseñará cómo puede ser incluso mejor y más bello.

Dios nos ama cuando estamos satisfechos en la vida al aceptar pequeños regalos y grandes regalos. Todos tenemos muchos regalos en nuestra vida, grandes y pequeños. Y sin exigir la perfección de nadie, podemos amar y ser amados, y percibir el amor, y sabemos que Dios está ahí, justo detrás del velo.

NOTAS

PRIMERA PARTE · LLAMAS GEMELAS Y ALMAS COMPAÑERAS

Capítulo 2: Llamas gemelas

1. Basado en el libro de Barry Vissell y Joyce Vissell, *The Shared Heart: Relationship Initiations and Celebrations (El corazón compartido: iniciaciones y celebraciones de las relaciones)* (Aptos, Calif.: Ramira Publishing, 1984), págs. 30-31; y "Moisés Mendelssohn", en NNDB, acceso del 29 de abril de 2015, http://www.nndb.com/people/141/000093859/.
2. Mateo 19:6; Marcos 10:9.
3. Isaías 54:5.
4. *Winston and Clementine: The Personal Letters of the Churchills (Winston y Clementine: las cartas personales de los Churchill)*, ed. Mary Soames (New York; Houghton Mifflin, 1999), pág. 38.

Capítulo 3: Almas compañeras

1. "Stories of Famous Lovers" (Historias de amantes famosos), "Abigail and John Adams" (Abigail y John Adams), acceso el 2 de abril de 2015, http://www.bonzasheila.com/stories /abigailjohnadmas.html.
2. "Abigail Adams Biography" ("Biografía de Abigail Adams"), Encyclopedia of World Biography, acceso el 2 de abril de 2015, http://www.notablebiographies.com/A-An/Adams -Abigail.html.
3. Edith B. Gelles, *Abigail and John: Portrait of a Marriage (Abigail y John: retrato de un matrimonio)* (New York: Harper Perennial, 2010), pág. x.
4. Ídem, pág. 284.

SEGUNDA PARTE · EL KARMA Y LAS RELACIONES

Capítulo 4: Relaciones kármicas

1. Existen aspectos psicológicos parecidos, absorbidos de nuestros padres y otras personas, que también han sido descritos como el masculino interior y el femenino interior. Para más información, véase *The Invisible Partners: How the Male and Female in Each of Us Affects Our Relationships (Los compañeros invisibles: cómo afecta a nuestras relaciones lo masculino y lo femenino en cada uno de nosotros)*, de John A. Sanford (Mahwah, N.J.: Paulist Press, 1980); *La psicología sagrada del amor: la búsqueda de las relaciones que unen corazón y alma*, de Marylin C. Barrick, Ph.D. (Gardiner, Mont.: Summit University Press, 1999); y *Getting the Love You Want: A Guide for Couples (Conseguir el amor que quieres: guía para parejas)*, de Harville Hendrix, Ph.D. (New York: Owl Books, Henry Holt, 1988).

2. Para más información sobre la curación del niño interior, véase *Cura tu soledad: encontrar amor y plenitud a través de tu niño interior*, de Erika J. Chopich y Margaret Paul (New York: HarperCollings, 1990); *Inner Bonding: Becoming a Loving Adult to Your Inner Child (Unión interior: cómo llegar a ser un adulto amoroso hacia tu niño interior)*, de Margaret Paul, Ph.D. (Harper San Francisco, 1990); y *The Inner Child Workbook: What to Do with Your Past When It Just Won't Go Away (El cuaderno de ejercicios del niño interior: qué hacer con tu pasado cuando no te deja en paz)*, de Cathryn L. Taylor (New Yoirk: Jeremy P. Tarcher/Putnam, 1991). Otras fuentes sobre la curación psicológica: *8 Keys to Building Your Best Relationship (8 claves para crear tu mejor relación)*, de Daniel Hughes (New York: W.W. Norton & Co, 2013), y *Getting Past Your Past: Take Control of Your Life with Self-Help Techniques from EMDR therapy (Superar el pasado: asume el control de tu vida con las técnicas de autoayuda de la terapia EMDR)*, de Francine Shapiro (New York: Rodale, Inc. 2013).

Para la curación del niño interior, la Sra. Prophet sugirió el estudio y la aplicación de las enseñanzas de la Dra. María Montessori, quien desarrolló un inspirado método de enseñanza para desatar el potencial del niño. Para el entrenamiento Montessori para padres e instructores y recursos varios, véase http://www.ageofmontessori.org.

3. Kahlil Gibran, *El profeta* (1923; nueva edición, New York: Alfred A. Knopf, 1960), págs. 58-59.

Capítulo 5: Curar y transformar las relaciones

1. Debido a su acción vibratoria y a su proximidad con la sustancia de la Tierra, la luz violeta puede combinarse con cualquier molécula o estructura molecular, con cualquier partícula de materia conocida o desconocida y con cualquier onda de luz, electrón o la electricidad. Cuando invocamos la llama violeta, esta envuelve a cada átomo individualmente. Instantáneamente se establece una polaridad entre el núcleo del átomo y la luz blanca del núcleo de la llama. El núcleo, siendo materia, asume el polo negativo. Y la luz de la llama violeta, siendo Espíritu, asume el polo positivo.

   La interacción entre el núcleo del átomo y la luz que hay en la llama violeta establece una oscilación. Esta oscilación desaloja las energías mal cualificadas del pasado que haya atrapadas entre los electrones que giran en órbita alrededor del núcleo. Al desbloquearse esta sustancia, los electrones comienzan a moverse más libremente y los desechos son arrojados a la llama violeta.

   Esta acción tiene lugar en dimensiones de la materia no físicas, o metafísicas. Cuando la sustancia densa entra en contacto con la llama violeta, es transmutada o restaurada a su pureza innata y es devuelta al Yo Superior de la persona. Puede ser necesario repetir el trabajo con la llama violeta para transmutar esta sustancia completamente.

2. Para más enseñanza sobre la llama violeta, véase *Violet Flame to Heal Body, Mind and Soul (Llama violeta para curar cuerpo, mente y alma)*, de Elizabeth Clare Prophet (Gardiner, Mont.: Summit University Press, 1997).

TERCERA PARTE · SEXUALIDAD Y ESPIRITUALIDAD

Capítulo 6: El sexo y el flujo de la energía

1. Para más información sobre los chakras, véase *Tus siete centros de energía*, de Elizabeth Clare Prophet (Gardiner, Mont.: Summit University Press Español 2015).

Capítulo 7: Relaciones y prácticas sexuales

1. Para más información sobre el impacto negativo del sexo casual, véase *The End of Sex: How Hookup Culture Is Leaving a Generation Unhappy, Sexually Unfulfilled, and Confused About Intimacy (El fin del sexo: cómo la cultura del sexo está dejando a una generación infeliz, sexualmente insatisfecha y confundida sobre la intimidad)*, de Donna Freitas (New York: Basic Books, 2013), and *Reviving Ophelia: Saving the Selves of Adolescent Girls (Revivir a Ofelia: salvar el yo de las adolescentes)*, de Mary Pipher, Ph.D. (New York: Riverhead Books, 2005).

CUARTA PARTE · EL MATRIMONIO Y EL SENDERO ESPIRITUAL

Capítulo 9: El matrimonio: una perspectiva del alma

1. Para más libros sobre el matrimonio, véase *Heart Centered Marriage: Fulfilling Our Natural Desire for Sacred Partnership (El matrimonio centrado en el corazón: satisfacer nuestro deseo natural de formar una pareja sagrada)*, de Sue Patton Thoele (n.p.: Coronari Press, 1996); *Conscious Loving: The Journey to Co-Commitment (Amar conscientemente: el viaje del compromiso mutuo)*, de Hay Hendricks, Ph.D., y Kathlyn Hendricks, Ph.D. (New York: Bantam Books, 1990); y *Saving Your Marriage Before It Starts: Seven Questions to Ask Before—and After—You Marry (Salvar tu matrimonio antes de que empiece: siete preguntas para antes —y después— de casarte)*, edición expandida y actualizada, de Drs. Les y Leslie Parrott (Grand Rapids, Mich.: Zondervan, 2006).

Capítulo 10: El ritual del matrimonio

1. Génesis 1:3.

2. Para más enseñanzas sobre el ritual del matrimonio para la concepción, meditaciones para el embarazo y la crianza, véase *Cómo cuidar del alma de tu bebé: guía espiritual para los padres que esperan un hijo*, de Elizabeth Clare Prophet (Gardiner, Mont.: Summit University Press, 1998) y *Family Designs for the Golden Age (Diseños de la era de oro para la familia)* y *Freedom of the Child (La libertad del niño)*, de Elizabeth Clare Prophet, en CD MP3; disponible en la librería en www.SummitLighthouse.org.

Reflexiones personales

Reflexiones personales

OTROS TÍTULOS DE

SUMMIT UNIVERSITY ☽ PRESS ESPAÑOL®

Summit University Press Español se creó en 2012 como sello de Summit University Press, editorial a su vez fundada por Elizabeth Clare Prophet en 1975 para difundir las enseñanzas de los maestros de Oriente y Occidente a lectores de habla inglesa de todo el mundo. La misión de Summit University Press Español es publicar libros y escritos de Mark y Elizabeth Prophet para lectores de habla hispana de todo el mundo.

En el momento de imprimir este libro, los siguientes se encuentran disponibles en papel y en formato electrónico para Kindle de Amazon, Nook de Barnes and Noble, iPad de Apple, todos los lectores electrónicos de Kobo (Kobo eReaders) y la mayoría de los teléfonos inteligentes. Los productos anunciados son los siguientes:

LIBROS Y PRODUCTOS PUBLICADOS:

El aura humana

Almas compañeras y llamas gemelas

Tus siete centros de energía

Saint Germain sobre alquimia

Conversaciones con los ángeles

Los años perdidos de Jesús

Ángeles caídos y los orígenes del mal

LA SERIE JARDINES DEL CORAZÓN
*(Compasión, Perdón, Alegría, Gratitud,
Amor, Esperanza, Bondad y Paz)*

Los Maestros y sus retiros Vol. I

Los Maestros y sus retiros Vol. II

La Odisea de tu alma

La apertura del séptimo sello

Rosario del niño a la Madre María (2 cedés audio)

El decimocuarto Rosario (1 cedé audio)

ALMAS COMPAÑERAS Y LLAMAS GEMELAS
La dimensión espiritual del amor y las relaciones
de Elizabeth Clare Prophet

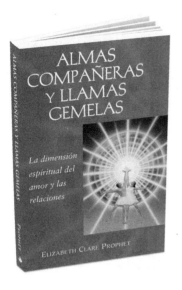

La búsqueda del amor —y de la pareja perfecta— es en realidad una búsqueda de la plenitud. De forma cálida y llena de sabiduría, *Almas compañeras y llamas gemelas* ayuda tanto a hombres como a mujeres a explorar las dimensiones espirituales de las relaciones y encontrar nuevas claves para llegar a la plenitud y el verdadero amor.

Aprenderás asuntos específicos sobre las almas compañeras, las llamas gemelas y las parejas kármicas. Llegarás a entender por qué atraes un cierto tipo de amor a tu vida. Y por qué incluso las relaciones más difíciles pueden servir de trampolín hacia ese amor perfecto que has estado buscando.

"Después de treinta y cinco años como asesora de parejas, creo que Almas compañeras y llamas gemelas *tiene un enorme poder para revelar los misterios internos del alma y la verdadera esencia del amor mediante un profundo análisis de experiencias reales e historias de amor clásicas".*

—MARILYN C. BARRICK, Ph.D.,
psicóloga clínica y autora de *Sacred Psychology of Love*
(La psicología sagrada del amor)

RELACIONES / ESPIRITUALIDAD Y CRECIMIENTO PERSONAL
4 x 6   100/150mm   PAGES 168   US$8.95   ISBN 978-1-60988-269-3
eBook disponible

SUMMIT UNIVERSITY 🐚 PRESS ESPAÑOL®

TUS SIETE CENTROS DE ENERGÍA

Una perspectiva holística sobre la vitalidad
física, emocional y espiritual
de Elizabeth Clare Prophet y Patricia R. Spadaro

Eres más de lo que aparentas.
Tus siete centros de energía contiene profundas ideas y herramientas para alcanzar la plenitud, basándose en la ciencia del sutil sistema energético del cuerpo. Se inspira en la sabiduría de las tradiciones espirituales del mundo para mostrar cómo puedes cuidar de tu alma mediante siete fases de crecimiento personal.

Se incluye una visión general de las técnicas holísticas, que ayudan a restaurar el equilibrio energético del cuerpo; desde la homeopatía, las vitaminas y las terapias típicas de los balnearios hasta la meditación, la afirmación y la visualización.

"Une la antigua sabiduría de la curación a ideas sobre una espiritualidad práctica como ayuda para crear tu propio viaje curativo, dinámico y exclusivamente personal. Tu guía del siglo XXI para integrar y curar cuerpo, mente y alma".
—ANN LOUISE GITTLEMAN,
autora de *The Living Beauty Detox Program*
(El programa de desintoxicación para la bella viviente)

ESPIRITUALIDAD Y CRECIMIENTO PERSONAL
4 x 6   100/150mm   PAGES 234   US$8.95   ISBN 978-1-60988-267-9
eBook disponible

SUMMIT UNIVERSITY ♆ PRESS ESPAÑOL®

EL AURA HUMANA

Cómo activar y energizar tu aura y tus chakras
de Kuthumi y Djwal Kul, a través de
Mark L. Prophet y Elizabeth Clare Prophet

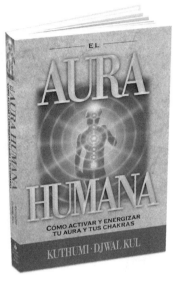

Lo que la ciencia está solo comenzando a descubrir, los sanadores, los místicos y los sabios lo han sabido desde siglos. *El aura humana*. La ciencia ha comprobado su existencia. La fotografía Kirlian ha captado el color, la intensidad y el movimiento de su luminiscencia misteriosa. Los investigadores médicos de la Universidad de Yale han llegado a la conclusión de que las enfermedades se pueden detectar antes de que se manifiesten en el cuerpo físico mediante el estudio de esta fuerza vital que rodea a todo hombre, mujer y niño.

Sin embargo, la ciencia todavía tiene que proporcionar respuestas a muchos de los misterios sin resolver del aura. Dónde se origina este campo de energía. Cómo afecta la salud y la apariencia. El verdadero significado de sus colores. Cómo influye en el comportamiento, el éxito y las relaciones.

Dos libros en uno.

En el primer libro de *El Aura Humana*, Kuthumi proporciona un marco de referencia para que descubras una nueva dimensión de ti mismo y da un ejercicio de tres partes para que actives la energía, la inteligencia y la creatividad que son innatas a tu ser.

En el segundo libro, Djwal Kul revela la ciencia de los siete principales centros de energía, o chakras, y su relación con la expansión del aura. A través de su avanzado programa de meditaciones y mantras, puedes desarrollar la capacidad para controlar las circunstancias que influyen en tu vida.

Incluye meditaciones, visualizaciones, afirmaciones, 25 ilustraciones a color de auras y chakras así como un glosario exhaustivo.

ESPIRITUALIDAD Y CRECIMIENTO PERSONAL / CHAKRAS
5½ x 8½   140/215mm   352 PÁGINAS   US$15.95   ISBN 978-1-60988-250-0
eBook disponible

SUMMIT UNIVERSITY 🦢 PRESS ESPAÑOL®

CONVERSACIONES CON LOS ÁNGELES

Cómo trabajar con los ángeles de luz para obtener guía, consuelo y curación

de Elizabeth Clare Prophet

Los ángeles escuchan día y noche. Seres majestuosos de luz y amor aguardan a que les pidamos ayuda tanto en asuntos importantes como insignificantes: desde resolver la economía, limpiar el medio ambiente o evitar el terrorismo, hasta consolar a un niño, sanar a un ser querido o encontrar el trabajo perfecto para nosotros. Con historias, ejemplos y profunda percepción espiritual, *Conversaciones con los ángeles* muestra que nunca debemos infravalorar lo que los ángeles pueden hacer.

En muchas de las tradiciones del mundo, se presenta a los ángeles como mensajeros de Dios y protectores nuestros. Pero son mucho más que una tradición arcaica. Desde los magníficos arcángeles e ígneos serafines hasta nuestros ángeles de la guarda, pueden ser dedicados guías, guardianes y amigos en cuanto aprendemos a trabajar con ellos cada día.

Conversaciones con los ángeles presenta a los ángeles de protección, sabiduría, amor, alegría, curación, paz, perdón y éxito —por nombrar unos pocos— que están listos para acudir en nuestra ayuda. Elizabeth Clare Prophet comparte potentes técnicas espirituales —bellas meditaciones, oraciones y mantras— que nos ayudan a acceder al poder de los ángeles con el fin de transformar nuestra vida forjando relaciones personales con estos seres, a la vez trascendentes y prácticos.

Incluye enlaces que puedes bajarte con archivos de audio sobre oraciones y meditaciones de ángeles.

ÁNGELES / ESPIRITUALIDAD Y CRECIMIENTO PERSONAL

5½ x 8½   140/215mm   FOTOS A COLOR: 50   254 PÁGINAS   US$15.95   ISBN 978-1-60988-259-4

eBook disponible

SUMMIT UNIVERSITY PRESS ESPAÑOL®

PARA MÁS INFORMACIÓN

Para descargar un capítulo gratis, visite:
www.tsl.org/SUPEspanol-capitulo-gratis

Para descargar un catálogo gratis, visite:
www.SummitUniversityPress.com

 facebook.com/SummitUniversityPressEspanol

 twitter.com/@SUPEspanol

Para más información sobre otros productos,
seminarios o conferencias, diríjase a:

Summit University Press Español
63 Summit Way
Gardiner, Montana 59030 U.S.A
Tel: 1-800-245-5445 o +1 406-848-9766
Fax: 1-800-221-8307 o +1 406-848-9555
e-mail: info@SummitUniversityPress.com
www.SummitUniversity.org
www.SummitLighthouse.org
www.SummitUniversityPress.com